Brüder Grimm | Erat olim …

Brüder Grimm

Erat olim ...

Die 12 schönsten Märchen auf Lateinisch

Lateinisch / Deutsch

Ausgewählt und übersetzt von Franz Schlosser

Reclam

Für meine Enkelin Amalia Helene

RECLAMS UNIVERSAL-BIBLIOTHEK Nr. 19271
2015 Philipp Reclam jun. Verlag GmbH,
Siemensstraße 32, 71254 Ditzingen
info@reclam.de
Umschlagabbildung: Hans Traxler
Druck und Bindung: Elanders Waiblingen GmbH,
Anton-Schmidt-Straße 15, 71332 Waiblingen
Printed in Germany 2026
RECLAM, UNIVERSAL-BIBLIOTHEK und
RECLAMS UNIVERSAL-BIBLIOTHEK sind eingetragene Marken
der Philipp Reclam jun. GmbH & Co. KG, Stuttgart
ISBN 978-3-15-019271-9
reclam.de

1 De Cinerella apologus

Uxor viri divitis in morbum incidit. Moritura, filiolam ad lectum vocavit et ei dixit: »Cara filia, si proba et pia manebis, Deus bonus semper tibi aderit. Ego de caelo despiciam teque protegam.« Quo dicto oculos operuit et animam exspiravit. Puella cottidie sepulcrum matris adibat et flebat et proba et pia manebat. Postquam sol vernus sepulcrum nivibus hiemis veste alba contectum spoliavit, vir iterum feminam matrimonio sibi iunxit.

Femina duas filias secum in matrimonium duxit, quarum cutis candida, quarum corda autem improba et pernigra erant. Cinerella in futurum dirum prospiciebat. Cui sorores ex noverca susceptae: »Num vacca stulta una cum nobis in eadem domo habitabit!? Panem edere vult, sed panem ei labore parari oportet – eiciamus servam culinariam!« Bellas vestes ei dempserunt, amiculum linteum canum ei induerunt, pedibus eius soleas ligneas adaptaverunt. Tum: »Aspicite bellam regiam virginem exornatam!« sorores ex noverca susceptae clamaverunt. Deinde puellam derisam in culinam duxerunt. Cui a mane usque ad vesperum labores molesti suscipiendi erant: Oportebat, ut bene mane surgeret, aquam ferret, ignem faceret atque aleret, cibos coqueret, lintea lavaret. Praeterea sorores quidquid aegritudinis, quam afferre ei possent, afferebant, miserandam illudebant, pisa et lentes in cinerem iniciebant, ut misera legumina colligeret. Vesperi lassitudine confecta lecto privata est et iuxta focum in cinere cubare debebat. Cum speciem pulveream et sordidam praeberet, »Cinerella« appellabatur.

Quondam accidit, ut pater mercatum appetiturus esset. E privignis quaesivit, quae dona sibi afferri vellent. »Bella vestimenta« prima, »margaritae et gemmae« secunda dixit. »At tu, Cinerella, quid vis tibi afferam?« – »Pater, primum ramulum, quem domum revertens petaso tanges, mihi quaeso defringe.« Sororibus ex noverca susceptis igitur bella vestimenta, margaritas, gemmas emit rediensque, cum equo per dumetum virens veheretur, coryli ramulus eum tetigit petasumque eius a capite destrinxit. Ramulum defregit et secum duxit. Domum reversus privignis, quae optaverant, Cinerellaeque coryli ramum donavit. Cui gratiis actis Cinerella ad sepulcrum matris iit, ramum sevit, lacrimis profudit, quibus sarmen aspersit. Quod sarmen crevit bellaque arbuscula ex eo facta est. Quam Cinerella ter cottidie appetebat. Flebat atque orabat et numquam non avicula alba ad arbusculam volabat. Quotienscumque Cinerella dicebat, quae optaret, avicula optata de arbuscula ei deiciebat.

Nunc factum est, ut rex diem festum triduanum institueret, ad quem omnes bellae virgines in regno habitantes invitatae erant, ut filius eius sponsam sibi eligeret. Sorores ex noverca susceptae ex invitatione magnam laetitiam ceperunt. Cinerellam advocaverunt. Cui »Pecte comam nostram«, inquiunt, »calceos purga, fibulas firma. Diem festum in domo regia enim celebrabimus.« Cinerella dicto sororum audivit, flevit autem, quod etiam libenti animo saltatum isset. Novercam rogavit, ut et ipsa veniam saltatum eundi acciperet. Sed illa: »Cinerella«, inquit, »re verane pulvere sordibusque sparsa nuptiis interesse vis? Nec habes vestimenta nec calceos ad saltandum idoneos.« Cum autem implorare non desisteret, noverca postremo dixit: »Lancem lentium in cinerem infudi. Si lentes intra duas horas elegeris, tibi una nobiscum venire licebit.« Puella per posticum in hortum iit et clamavit: »Venite, columbellae placidae, turtures, omnes aviculae caelum incolentes, adiuvate me ad lentes separandas et iniciendas:

in patinam bonas
in iugulum malas.«

Primum duae columbulae albae, tum turtures per fenestram in culinam volaverunt, deinde omnes caeli aviculae stridorem edentes involaverunt et circum cinerem consederunt. Columbulae capitula demiserunt et – pic pic pic – laborare coeperunt. Tum et ceterae – pic pic pic – ad opus aggressae sunt et bona granula electa in patinam immiserunt. Vix hora transierat, cum labore acto omnes rursus avolaverunt. Puella perlaeta novercae patinam apportavit spe ducta se nunc cum sororibus nuptiis interesse posse. Haec autem: »Minime vero, Cinerella«, inquit, »non habes vestimenta saltandique imperita es: Omnes ludibrio te habebunt.« Cinerella cum lacrimas effunderet, noverca: »Si inter horam«, inquit, »duas patinas lentium e cinere elegeris, tibi nos comitari licebit.« Secum cogitabat: »Hoc numquam terrarum fieri potest.« Postquam noverca duas patinas lentium in cinerem infudit, puella per posticum in hortum cucurrit et clamavit: »Venite, columbellae placidae, turtures, omnes avicellae caelum incolentes, adiuvate me ad lentes separandas et iniciendas:

in patinam bonas
in iugulum malas.«

Primum duae columbulae albae, tum turtures per fenestram in culinam volaverunt, deinde omnes caeli aviculae stridorem edentes involaverunt et circum cinerem consederunt. Columbulae capitula demiserunt et – pic pic pic – laborare coeperunt. Tum et ceterae – pic pic pic – ad opus aggressae sunt et bona granula electa in patinas immiserunt. Nulla semi-hora temere intercessit, cum labore acto omnes rursus avolaverunt. Puella perlaeta novercae patinas apportavit spe ducta se nunc cum sororibus nuptiis interesse posse. Haec autem: »Nihil proficies«, inquit, »nobiscum venire non potes, quia vestimenta non habes et saltandi imperita es: nos tui puderet.« His verbis tergum ei obvertit et cum suis filiis superbis se proripuit.

Cum sola domi erat, Cinerella ad sepulcrum matris sub corylo situm iit et dixit:

»Arbuscula, amabo te,
aurea veste orna me.«

Avicula vestem auream et argenteam et calceos bombyce argentoque distinctos ei de corylo deiecit. Raptim vestem sibi induit et saltatum iit. Sorores et noverca autem eam non recognoscebant. Putabant hanc puellam bellissimam veste aurea ornatam reginam exteram neque Cinerellam esse. Quam domi in culina sordida sedere lentesque e cinere excipere opinione ducebantur. Regis filius Cinerellam petivit, manu duxit, ad saltandum invitavit. Aut cum ea, quam continuo manu tenebat, aut cum nulla saltare cupiebat. Omnibus eam ad choream dandam invitaturis dixit: »Haec mecum tantum saltabit.«

Usque ad vesperum saltavit. Cum domum capesseret, rex ei dixit: »Tecum ibo, te comitabor.« Percontari enim quis esset voluit. Haec autem effugit et columbarium appetivit. Regis filius exspectavit dum pater eius venerit. Cui dixit puellam ignotam in columbarium intravisse. Vetulus secum: »Fieri potest, ut de Cinerella agatur.« Ascia et dolabra columbarium destruxit – nemo autem in eo inerat. Cum in casam intrarent, Cinerellam veste sordida indutam in cinere sedentem lucernulamque modice in fumario lucentem viderunt. Cinerella cito e postico columbarii exsiluerat, corylum appetiverat, bellam vestem sibi exuerat, in sepulcro matris deposuerat. Veste ab ave amota in cinere amiculo linteo cano vestita consederat.

Postridie, cum sollemnia de integro inciperent, parentibus sororibusque absentibus, Cinerella ad corylum cucurrit et dixit:

»Arbuscula, amabo te,
aurea veste orna me.«

Avis vestem multo superbiorem deiecit quam illam diei superioris. Cum hac veste induta ad sollemnia appareret, omnes pulchritudinem eius mirati sunt. Regis filius autem, qui adventum eius exspectaverat, cito manu eam duxit et unice saltavit cum ea. Omnibus bellam puellam ad choream dandam invitaturis dixit: »Haec mecum tantum saltat.« Cum vesperasceret, Cinerella aufugit. Regis filius eam secutus est, ut videret quam casam appeteret, sed anguilla citior elapsa est et in hortum post casam evanuit. Quo in horto magna arbor erat, quae pulcherrima pira ferebat. In ramos eius ascendit perniciter ut sciurus, et regis filius nesciebat, quo aufugisset. Exspectavit dum pater eius venerit. Cui: »Puella ignota aufugit«, inquit. »Puto eam in pirum insiluisse.« Pater secum: »Fieri potest, ut de Cinerella agatur.« Ascia et dolabra arborem cecidit, sed nemo in illa sedebat. Cum in culinam intrarent, Cinerellam veste sordida ut semper indutam in cinere iacentem viderunt. De parte postica arboris desiluerat, vestem bellam avi in corylo sedenti rettulerat, amiculum linteum canum rursus sibi induerat.

Tertio die parentibus sororibusque absentibus Cinerella iterum sepulcrum matris appetivit arbusculaeque dixit:

»Arbuscula, amabo te,
aurea veste orna me.«

Avis vestem ei deiecit – splendidiorem et lucidiorem numquam antea habuerat. Et calcei omnino auri colore erant. Cum hac veste induta ad sollemnia matrimonialia appareret, omnes admiratione affectos lingua defecit. Regis filius cum ea tantum saltavit. Si quis ad saltandum eam invitavit, dixit: »Haec mecum tantum saltat.«

Cum vesperasceret, regis filius Cinerellam aufugientem domum comitari voluit. Quae autem tam cito elapsa est, ut eam cursu sequi non posset. Regis filius callidus autem scalis picem induci iusserat. Cum puella deorsum curreret, calceus sinister haesit. Regis filius calceolum aureum, qui erat lautus et concinnus, sublevavit. Postridie virum adiit, cui dixit: »Nullam aliam in matrimonium collocabo nisi eam, cuius pes huic calceo aptus sit.« Cum haec audirent, sorores exsultaverunt, nam pedes pulchros habebant. Maxima natu matre adstante ad calceum sumendum cubiculum appetivit. Sed calceus nimis parvus erat, pollicem pedis non capiebat. Mater filiae cultrum porrexit et dixit: »Fac pollicem amputes! Cum regina facta eris pedibus ire noniam debebis.« Puella sibi pollicem abscidit, pedem in calceum vi immisit, dolorem suppressit, regis filium ad fores stantem adiit. Qui cum marita futura abequitavit. Cum equo sepulcrum praeterveherentur, duae columbellae in corylo sedentes clamaverunt:

»Gu-gurru-gu, gu-gurru-go,
cruor inest in calceo.
Qui certe non est feminae
pede tam magno praeditae.«

Cum oculos in pedem eius coniceret, regis filius sanguinem ex eo effluentem conspexit. Equum circumegit et falsam maritam domum reduxit. Hanc non rectam esse dixit. Tum alteram sororem calceum sumere rogavit. Quae ad eum sumendum cubiculum appetivit. Calceus pollices capiebat, sed calx nimis magna erat. Mater filiae cultrum porrexit et dixit: »Partem calcis abscide! Cum regina facta eris pedibus ire noniam debebis.« Puella partem calcis abscidit, pedem in calceum vi immisit, dolorem suppressit, regis filium ad fores stantem adiit. Qui cum marita futura abequitavit. Cum equo sepulcrum praeterveherentur, duae columbellae in corylo sedentes clamaverunt:

»Gu-gurru-gu, gu-gurru-go,
cruor inest in calceo!
Qui certe non est feminae
pede tam magno praeditae.«

Regis filius oculos in pedem coniecit, cruorem ex eo effluentem tibialiaque alba rubefientia vidit. Equum circumegit et falsam maritam domum reduxit. »Neque haec recta est«, dixit. »Nonne tertiam filiam habes?« – »Nihil sane«, vir dixit, »parvam tantum sordidam Cinerellam uxoris mortuae filiolam – fieri autem non potest, ut ista tua desiderata sit.« Regis filius patrem rogavit, ut eam sursum adscendere iuberet, sed noverca: »Nullo pacto« inquit, »nimis sordida est, in publicum prodire non potest.« Institit autem, ut veniret, quam ob rem Cinerella advocanda erat. Manibus et facie lavatis regis filium adiit et caput inclinavit. Qui calceum aureum ei porrexit. Puella in scabello consedit, pedem e gravi solea lignea extraxit, in calceum immisit. Qui optime sedebat. Cum surgeret et regis filius faciem eius conspiceret, bellam puellam agnovit, cum qua saltaverat. »Haec«, clamavit, »sponsa recta!« Noverca et sorores exhorruerunt et molestia affectae palluerunt. Regis filius eam in equum imposuit et cum ea abequitavit. Cum equo corylum praeterveherentur, duae columbellae in eo sedentes clamaverunt:

»Gu-gurru-gu, gu-gurru-go,
cruor non est in calceo!
Qui calceus amabili
haud dubie est virgini.«

His verbis ambae de corylo devolaverunt Cinerellaeque in umeris assederunt et remanserunt, alia in dextro, alia in sinistro.

Die sollemnium matrimonialium agendorum sorores insidiosae venerunt, ut blanditiis et adsentationibus benevolentiam eius colligerent et divitiarum participes fierent. Cum coniuges ad ecclesiam accedentes, maxima natu a dextra, minima natu a sinistra, prosequerentur, columbae unicuique unum oculum rostro exciderunt. Columbae, cum ecclesiam relinquerent, maximae a sinistra, minimae a dextra eunti, alterum oculum rostro exciderunt. Igitur sorores ob malitiam et fallaciam per omnem vitam caecitate percussae erant.

2 De Niviella apologus

Quondam media hieme nivibus plumeis de caelo decidentibus regina quaedam ad fenestram sedebat, cuius margo ex ebeno nigro facta erat, et suebat. Cum sueret et nives plumeas decadentes suspiceret, acu digitum vulneravit, ex quo tres guttae sanguinis effluxerunt et in nivem deciderunt. Cum color ruber sanguinis in nive candida aspectum tam pulchrum praeberet, secum cogitavit: Utinam infans mihi esset candidus ut nix, ruber ut sanguis, niger ut margo fenestrae! Iam brevi post filiolam peperit, quae erat candida ut nix et rubra ut sanguis et quae capillos nigros ut ebenum habebat et quam ea de causa »Niviellam« nominabat! Infante parta regina mortua est.

Anno post rex ad secundas nuptias transiit. Femina erat pulchra, sed etiam superba et insolens. Minime ferre poterat feminas, quae pulchritudine eam exsuperarent. Speculum mirificum habebat. Cum os suum in eo contemplabatur, dicebat:

»Speculum, parieti
quod affixum es, dic mi,
quae in regno femina
omnium pulcherrima.«

Cui speculum respondebat:

»Regina, tu toto in regno pulcherrima.«

Quo responso contenta erat, nam sciebat speculum verum dicere.

Niviella autem pubescebat et venustior fiebat. Cum septem annos nata esset, bella ut dies clarus et pulchrior quam regina ipsa erat. Cum illa die quodam speculum suum rogaret:

»Speculum, parieti
quod affixum es, dic mi,
quae in regno femina
omnium pulcherrima.«

Speculum respondit:

»Hic, regina, feminarum
tu bellissima cunctarum.
Sed Niviella multo te
bellior est haud dubie.«

Regina terrore percussa invidiaque corrosa est. Cum Niviellam conspiciebat, intestina in corpore eius rotabantur. Puella nimis odio ei erat. Invidia et superbia in corde eius ut herba inutilis luxuriari coeperunt. Die et nocte eam agitabant. Venatorem ad se vocavit, quem puellam in silvam abducere iussit, quod aspectum eius diutius non iam ferre poterat. Cui: »Occide eam«, inquit, »et pulmonem eius affer et iecur, ex quo intellegi posset te eam re vera interfecisse.« Venator voluntati reginae obtemperavit et puellam in silvam duxit. Cum cultro venatorio destricto cor innocens Niviellae perfossurus esset, puella flere coepit et »O, bone venator«, inquit, »parce mihi. In silvam saevam incurram neque umquam domum revertam.« Puella, quia tam pulchra erat, misericordiam venatoris excitavit. Et ille: »Salutem pete, parva miseranda.« – »Bestiae ferae te mox comederint«, secum cogitavit. Tamen scrupulus ex animo ei evulsus est, quod parvam necare non debuit. Porcellum eo ipso puncto temporis transcurrentem cecidit, pulmonem et iecur excepit, reginae attulit, ut indicium ei praeberet, e quo intellegi posset se imperata fecisse. Femina malitiosa organa a coquo in aqua sale condita cocta comedit se pulmonem et iecur Niviellae comedisse opinans.

In silva magna ne musca quidem cum misera puella erat. Magnis angoribus pressa folia arborum spectabat plane ignorans quae hac in re facienda essent. Per lapides acutos et vepres spinosos currebat. Bestiae ferae praetereuntes ei dolorem non inferebant. Cucurrit usque ad vesperum ineuntem, dum sustinere se potuit. Repente parvam casellam conspexit, in quam intravit, ut quieti se daret. In casella omnia pusilla erant, sed, supra quam credibile est, concinna et munda. Mensula mappa alba tecta septem catillulis exstructa erat, quorum cuique cochlearulum inerat, praeterea septem cultellis, septem fuscinellis, septem pocellis. Ad parietem septem lectuli continui positi linteis niveis contecti erant. Niviella fame et siti pressa ex omnibus catillis paulum oleris et panis edit et quoque e pocillo guttam vini bibit, ne cenam unius solius comederet. Deinde in lectulo somno se tradidit. Nullus autem corpori eius apte conveniebat. Primus nimis longus, alter nimis parvus, septimus corpori eius accomodatus erat. In eo se continuit, in fidem Dei se commisit, somnum cepit.

Concubia nocte, postquam aes e montium cavernis elicuerunt, septem nani, casellae domini, domum redierunt. Septem candelulas suas accenderunt. Cum fieret lux, viderunt aliquem in casella fuisse, nam res, cum casam reliquissent, in alio ordine redactae erant. Quorum primus: »Quis«, inquit, »in sellula mea sedit?« Alter: »Quis e catillo meo edit?« Tertius: »Quis paniculum meum arrosit?« Quartus: »Quis partem mei oleris edit?« Quintus: »Quis furcilla mea usus est?« Sextus: »Quis cultello meo usus est?« Septimus: »Quis e pocillo meo bibit?« Tum primus respexit. Cum sulcum in lecto suo videret »Quis«, inquit, »pedem in lectulo meo posuit?« Ceteri accurrerunt et clamaverunt »Et meo in lectulo aliquis iacuit.« Cum septimus autem lectum suum inspiceret, Niviellam vidit in eo iacentem et dormientem. Ceteros vocavit. Qui accurrerunt, admiratione affecti clamaverunt, septem candelulas petiverunt, quibus Niviellam lustraverunt. »Mehercule«, clamaverunt, »Quae pulcherrima puella!« Magna laetitia perfusi eam non e somno suscitaverunt, siverunt in lectulo quiescere pergeret. Septimus nanus autem unam horam in singulis lectis sodalium pernoctavit.

Primo mane Niviella somno excitata est. Cum septem nanos conspiceret, exhorruit. Qui autem comiter eam interrogaverunt: »Quid est tibi nomen?« – Et haec: »Nomen mihi est Niviella.« – »Qua via huc venisti?« nani rogaverunt. Quibus narravit novercam eam interfici in animo habuisse, venatorem autem vitae eius parcuisse. Addidit se totum diem cucurrisse dum casellam nanorum indagavit. Tum nani: »Si negotia domestica curabis, si coques, si lectos sternes, si lavabis, sues, texes, si ordinem et munditiam conservabis, apud nos manere poteris nullaque re carebis.« – Et Niviella: »Profecto«, inquit, »libentissimo animo« et apud nanos mansit. Ordinem domesticum tenebat: Mane nani montes appetebant ad aes et aurum e cavernis eliciendum. Cum vespere reveniebant, sciebant vespernam ad sumendam paratam esse. Totum diem puella sola in casella erat. Boni pumili his verbis eam monebant: »Cave novercam tuam. Quae mox sciet te hic versari. Nemini ianuam pulsanti aditum da!«

Regina autem, quae, postquam, ut opinabatur, pulmonem et iecur Niviellae comedit, se denuo primam et pulcherrimam esse putabat, ad speculum adstitit et rogavit:

»Speculum, parieti
quod affixum es, dic mi,
quae in regno femina
omnium pulcherrima.«

Et speculum:

»Hic, regina, feminarum
tu bellissima cunctarum.
Sed trans septem montes bella
apud nanos Niviella
vivit. Quae haud dubie
multo pulchrior est te.«

Metu perterrita est, quod non ignorabat speculum numquam falsum dicere. Cognovit venatorem eam fraudavisse Niviellamque adhuc vivere. Rebus ita stantibus denuo occisionem puellae machinabatur. Dum enim pulcherrima toto non erat in regno, invidia corrodebatur. Postquam malitiam commenta est, vultum coloravit vestemque institricis sibi induit, ut agnosci non posset. Plane alia facta septem montes superavit, casellam nanorum appetivit, ianuam pulsavit, clamavit: »Bellas res venales!« Niviella per fenestram prospexit et »Bona femina«, inquit, »quid venale proponis?« – »Bonas merces, bellas merces«, respondit, »lineas discolores.« Quarum unam bombyce catagrapho textam deprompsit. Niviella secum: »Huic bonae feminae simplici aditum dare possum.« Fores reclusit et bellam lineam emit. »Parvula«, vetula inquit, »Qua tu es specie! Age, sine papillas accurate tibi compescam.« Niviella, quae nihil pravae cogitationis erat, ante eam se posuit, ut linea recte constringeretur. Vetula autem miseram tanta vi constrinxit, ut spiritus eam deficeret. Exanimata corruit. »Pulcherima feminarum fuisti«, vetula inquit et foras se proripuit.

Brevi post, hora vespertina, septem nani domum revenerunt. Perterriti sunt, cum suam Niviellulam in solo iacentem conspicerent motu vacuam quasi mortuam. Sursum eam sustulerunt. Viderunt eam nimia vi constrictam qua re lorum secuerunt. Niviella spiritu ducto paulatim animum recepit. Cum nani audirent, quae evenissent: »Institrix ista«, inquiunt, »sine dubio regina impia erat – nemini aditum da nisi tecum sumus.«

Mala femina autem, postquam domum revenit, ante speculum se posuit et rogavit:

»Speculum, parieti
quod affixum es, dic mi,
quae in regno femina
omnium pulcherrima.«

Responsio iterum eadem fuit:

»Hic, regina, feminarum
tu bellissima cunctarum.
Sed trans septem montes bella
apud nanos Niviella
vivit. Quae haud dubie
multo pulchrior est te.«

Cum hoc audiret, sanguis cor terrore percussum inundavit, nam cognovit Niviellam animum recepisse. Quae »Nunc«, inquit, »cogitatione assequar quomodo te perdam«. Arte magica, cuius perita erat, pectinem veneno imbutum paravit. Quo facto alterius vetulae cultum induit. Septem montes superavit, casellam nanorum appetivit, ianuam pulsavit, clamavit: »Bellas res venales!« Niviella per fenestram prospexit et dixit: »Procede, nemini aditum dare mihi licet.« »Tibi certe licebit pectinem spectare.« Quem veneno imbutum his verbis e fiscina exprompsit et sursum sustulit. Puella adspectu pectinis in fraudem deducta ianuam aperuit. Postquam inter se de pretio convenerunt, vetula: »Sine te nunc recte pectam.« Cuius faciendi miseranda Niviella nil mali praesagiens vetulae facultatem dedit. Sed vixdum pectinem in comam immiserat, cum venenum profecit et puella de mentis statu deiecta decidit. Et malitiosa femina: »O te omnium pulcherrimam«, inquit, »nunc actumst de te.« His verbis abiit. Forte fortuna vesperascebat septemque nani domum revenerunt. Cum Niviellam inanimam in solo iacentem viderent, statim novercam suspectam habuerunt. Casellam perscrutati sunt pectinemque veneno imbutum reppererunt. Vixdum e coma eum extraxerant, cum Niviella ad se rediit et narravit quae accidissent. Nani denuo eam monuerunt, ut nemini ianuam aperiret.

Regina domi ante speculum se posuit et rogavit:

»Speculum, parieti
quod affixum es, dic mi,
quae in regno femina
omnium pulcherrima.«

Idem responsum accepit:

»Hic, regina, feminarum
tu bellissima cunctarum.
Sed trans septem montes bella
apud nanos Niviella
vivit. Quae haud dubie
multo pulchrior est te.«

Cum speculum haec verba dicere audiret, horruit et ira tremuit. Tum »Niviella moriatur«, clamavit, »ut ego ipsa peream.« Quo dicto occultam cellam desertam appetivit malumque veneno imbuit. Malum, quod buccas albas et rubras habebat, aspectum pulchrum praebebat. Cuicumque, malum qui conspiciebat, edere lubebat. Qui mali quidem particulam tantum edebat, ad mortem se offerebat. Malo tincto noverca vultum coloravit vestemque rusticae sibi induit, septem montes superavit, casellam nanorum appetivit, ianuam pulsavit. Niviella caput ex fenestra emovit: »Septem nani mihi interdixerunt« inquit, »ne quemquam intromitterem.« – »Nihil impedio«, rustica dixit. »Mala mea ad omnes casus vendam. Ecce! Unum tibi dono dabo.« – »Gratia recuso«, Niviella inquit, »mihi non licet dona accipere.« – Et vetula: »Timesne, ne malum veneno tinctum sit? Seco malum duas in partes: partem rubram ede tu, albam ego edam.« – Malum autem ita elaboratum erat, ut pars rubra tantum veneno tincta esset. Cum Niviella desiderio belli mali edendi capta rusticam de eo edere videret, invitamento resistere noniam potuit manumque ad partem mali venenatam tendit. Vix offam in ore habuit, cum exanimata corruit. Regina eam oculis atrocibus intuita est, cachinnum sustulit, hoc dixit: »Candida ut nix, rubra ut sanguis, nigra ut ebenum! Nunc nani quidem te e somno excitare noniam poterunt.« Domum reversa speculum interrogavit:

»Speculum, parieti
quod affixum es, dic mi,
quae in regno femina
omnium pulcherrima.«

Hoc tandem respondit:

»Regina, tu toto in regno es pulcherrima.«

Quod responsum cor invidiosum reginae aliquatenus permulsit et placavit.

Cum nanuli vespere domum revenirent, Niviellam in

solo iacentem conspexerunt ex ore animam noniam spirantem. Mortua erat. Puellam levaverunt, venenum quaesiverunt, castulam eius substrinxerunt, comam eius pexerunt, aqua et vino eam lavaverunt: sed operam frustra consumpserunt. Mortua erat, mortua manebat. In ferculo puellam imposuerunt, ad quod omnes consederunt, tres dies Niviellam defleverunt. Quam sepulturi erant. Cum puella autem speciem hominis vivi praeberet et bellae genae eius rubrae essent, omnes uno ore consenserunt: »Hanc humo nigro mandare minime possimus.« Arcam vitream perspicuam fieri iusserunt, Niviellam in ea imposuerunt, nomen eius litteris aureis arcae inscripserunt, eam filiam regiam esse apposuerunt. Deinde arcam in monte posuerunt, quam unus eorum continuo custodiebat. Bestiae quoque venerunt ad Niviellam deflendam, primum ulula, tum corvus, deinde columbella.

Niviella diu in arca iacebat neque in tabem resolvebatur. Dormire videbatur, nam adhuc candida ut nix, rubra ut sanguis, crinibus ebeno nigrioribus erat. Accidit, ut regis filius in silvam incideret adque nanorum casellam pernoctatum veniret. Arcam in monte positam et bellam Niviellam in ea iacentem conspexit et quae arcae aureis litteris inscripta erant legit. Tum nanis: »Concedite mihi arcam«, inquit, »quaecumque poscatis vobis pro ea dabo.« Cui nani autem responderunt: »Nequaquam eam vendimus.« Tum puer regius: »Dono eam mihi date. Niviellae aspectu carens vivere non possum. Maxime eam honorabo et colam.« His verbis misericordiam nanorum commovit, qui arcam ei dederunt. Quam regis filius servos iussit umeris asportare. Factum est, ut pedem ad fruticem offenderent. Mali volva veneno imbuta, quam Niviella mordicus abstulerat, e cervicibus elapsa est. Et iam brevi post oculos aperuit, operculum arcae sursum protrusit, se errexit, revixit. »Ubinam terrarum sum?«, clamavit. Et regis filius laetitia effusus: »Mecum es«, inquit. Tum narravit, quae accidissent, et dixit: »Tu mihi omnibus in orbe terrarum gratior. Veni mecum in domum regiam patris mei. Velim te uxorem ducere.« Niviella amore capta eum secuta est. Sollemnia nuptiarum magno cum splendore magnaque pompa instituta sunt.

Ad festum celebrandum et noverca nefaria Niviellae invitata est. Bellis vestimentis induta ad speculum adstitit et dixit:

»Speculum, parieti
quod affixum es, dic mi,
quae in regno femina
omnium pulcherrima.«

Speculum respondit:

»Hic, regina, feminarum
tu bellissima cunctarum.
Sed regina recens te
multo bellior vera re.«

His verbis auribus perceptis mala femina maledictum iactavit. Angor animum eius occupavit. Primum nuptiis interesse noluerat, sed utique reginam recentem videre cupiebat. Cum in arcem intraret, Niviellam cognovit. Timore et terrore perculsa stabat motu carens. Et iam socci ferrei igne carbonis fervefacti forcipibus allati et ante eam positi sunt. Quibus soccis candentibus sumptis tamdiu saltare debuit dum mortua corruit.

3 De Hannulo Gretulaque apologus

Ante magnam silvam lignator cum uxore suisque duobus liberis vivebat. Puerulus Hannulus vocabatur, puellae nomen Gretula erat. Cum caritas increbresceret, cibaria paulatim deficiebant familiaeque victum praebere vir noniam poterat. Nocte anxio et sollicito animo in lecto se volutabat, gemebat, uxori dicebat: »Quid de nobis nunc fiat? Utnam terrarum miseris liberis nostris victum praebeamus, si ne suppeditat quidem ad nos ipsos alendos?« – »Hoc, mi marite, mihi in mentem venit«, femina dixit. »Cras primo diluculo liberos in silvam densissimam ducemus. Ignem eis accendemus et cuique frustum panis dabimus. Quo facto ad opus aggrediemur et eos solos relinquemus. Viam, quae domum fert, non invenient nosque eis liberati sumus.« – Et vir: »Non ita«, inquit, »minime hoc faciam. Non sustineo liberos meos solos in silva relinquere. Bestiae ferae eos indagarent et lacerarent.« – »O te asinum!«, inquit, »re ita stante nos omnes fame peribimus, tu tabulas sarcophagi runcinare incipere iam potes.« Exercuit eum dum assensus est. »Tamen liberorum infelicium miseret me«, vir dixit.

Liberi fame pressi, qui obdormiscere non poterant, audiverant quod noverca patri dixisset. Gretula effusissime flevit et: »Nunc«, inquit, »actum est de nobis.« – Cui: »Tace, Gretula«, Hannulus inquit, »noli sollicitari, ego tibi adero.« Postquam parentes obdormiverunt, e lectulo surrexit, vestem sibi induit, posticum patefecit, furtim digressus est. Luna clarissima lucente silices albi ante casam dispersi ut sestertii splendebant. Hannulus corpus inclinavit et quam plurimos in bursam immisit. Quo facto rediit et Gretulae dixit: »Bono sis animo, cara sororcula, placideque obdormisce. Deus nos non deficiet.« Tum denuo corpus quieti dedit.

Prima luce, iam ante solis ortum, femina venit ambosque liberos dormientes excitavit. »E lecto surgite, umbraticuli, in silvam eamus lignum petitum.« Tum utrique his verbis frustulum panis dedit: »Ecce vobis cibus meridianus. Quem ne confestim consumpseritis, nil amplius enim accipietis.« Gretula panem sub subligaculo recondidit, quia silices in busca Hannuli inerant. Tum cuncti in viam se dederunt silvamque appetiverunt. Postquam paulisper ierunt, Hannulus constitit casellamque respectavit, quod iterum iterumque fecit. Cui pater: »Quidnam spectas«, inquit, »curnam iterum iterumque in itinere consistis? Cave ne pedum oblitus sis!« – Et Hannulus: »Prospecto meum felem catulum album, qui in tecto insidens valedicere mihi velit.« Sed noverca: »Homo stulte, non catulus tuus, sed sol matutinus est, qui in fumario se fundit.« Hannulus autem minime catulum retrospectaverat. Qui immo vero silices nitentes alium post alium e busca in viam iecerat.

Cum mediam silvam appetivissent, pater dixit: »Nunc lignum petite. Ignes faciam, ne frigeatis.« Ramalia a Hannulo Gretulaque lecta incensa sunt. Cum flamma flagraret, femina dixit: »Nunc, liberi, corpus ad ignem prosternite et requiescite. Nos in silvam imus lignum caesum. Labore confecto reveniemus vosque abducemus.«

Hannulus Gretulaque igni assidebant. Tempore meridiano uterque frustulum panis edit. Cum ictus securis ligneae auribus perciperent, credebant patrem suum prope adesse. Securis ligneae ictus non audiebant sed rami ad arborem aridam alligati, quem ventus verberabat. Post aliquantum temporis oculi ceciderunt artoque somno liberi fatigati oppressi sunt. Cum demum somno excitarentur, nox caliginosa iam imminebat. Gretula flere coepit et »Utnam«, inquit, »e silva evadamus?!« – Hannulus autem eam his verbis consolatus est: »Exspecta paulisper. Ubi luna orietur, viam reperiemus.« Postquam luna impleta est, Hannulus sororculam manu tenens silices sequebatur. Qui ut sestertii modo cusi albicabant viamque eis monstrabant. Totam per noctem processerunt et prima luce ad casam patris advenerunt. Ianuam pulsaverunt. Cum noverca eam aperiret et Hannulum Gretulamque conspiceret, dixit: »O vos liberos improbos! Quid tam diu in silva dormivistis? Putabamus vos noniam reventuros esse.« Pater autem gaudebat. Conscientia animi enim excruciatus erat quod eos solos reliquisset.

Iam brevi post rursus in angustiis versabantur liberique nocte matrem patri in lecto iacenti hoc dicere audiverunt: »Omnia rursus comesa sunt. Nil nisi dimidium panem reliquum habemus. Liberis e domo abeundumst. Remotiorem silvae in partem eos ducamus, ne rursus viam ex ea reperiant. Saluti nostrae consulere debemus.« Suspenso et sollicito animo pater secum: »Melius esset si ultimum frustum tuis liberis impertires.« Sed uxor verbis eius aures non praebuit, ignominiam ei imposuit, conviciis eum consectata est, misericordiam ei crimini dedit. Incepta persequenda sunt. Qui semel voluntati uxoris cessit, cui et iterum voluntati eius cedendum est.

Liberi autem nondum dormiverant et audiverant, quae dicta erant. Cum parentes somnum cepissent, Hannulus iterum e lecto surrexit, ut iterum silices colligeret. Sed noverca portam recluserat et Hannulus foras exire non potuit. His verbis autem sororculam consolatus est: »Noli lacrimare, Gretula. Bono animo dormias, Deus bonus nobis aderit.«

Primo iam mane noverca liberos e lectulo surgere iussit. Quibus frustulum panis dedit, quod minus quidem erat quam illud prioris diei. In via ad silvam ferens Hannulus panem in busca abditum friavit, saepe constitit, miculam omisit. Cui pater: »Hannule, cur iterum atque iterum consistis«, inquit, »cur iterum iterumque respicis? Fac viam tuam persequaris!« – »Oculos in meam columbulam concicio, quae in tecto sedet et valedicere mihi velit«, Hannulus inquit. – »Asine«, noverca clamavit, »non est tua columbula, sed sol matutinus est, qui in fumario se fundit.« Sed Hannulus tamen miculas aliam post aliam e busca in viam deiecit.

Noverca liberos in etiam remotiorem locum silvae duxit, ubi numquam antea fuerant. Iterum ignes facti sunt, et mater: »Residete hic, liberi«, inquit. »Cum fatigamini, paulisper dormite – nos in silvam imus lignum caesum. Ad vesperum, labore confecto, reveniemus ad vos abducendos.« Meridie Gretula panem suam cum Hannulo partita est, qui pane suo viam consperserat. Tum somno oppressi sunt. Vesper praeteriit, sed nemo venit liberos miserandos abductum. Multa nocte caliginosa demum experrecti sunt. Hannulus sororculam his verbis consolatus est: »Luna orta miculas cernemus, quas dispersi. Viam, quae nos domum ducet, nobis monstrabunt.« Luna apparente profecti sunt, sed nullam miculam creverunt, quod innumerabiles aves, quae per silvas camposque volitant, omnes comederant. Hannulus Gretulae »Certe viam reperiemus«, inquit. Quam autem non reppererunt. Totam per noctem totumque per diem ierunt, nec e silva evaserunt. Esuriebant, nam nil ad vescendum aptum praeter nonnullas bacas habebant, quas terra gignebat. Cum pedes lassitudine confecti onerique corporis ferendo accomodati noniam essent, sub arborem corpus prostraverunt et connixerunt.

Nunc tres iam dies casam patris reliquerant. Longius processerunt, sed magis magisque in silvam penetrabant. Nisi brevi tempore adiuvarentur, fame perirent. Tempore meridiano bellam aviculam albam in ramo sedentem conspexerunt. Quae voce tam bella cantabat, ut consisterent et dulci cantui aures praeberent. Postquam cantavit, alas iactavit et praevolavit et liberi eam secuti sunt dum ad casellam pervenerunt, cuius in tecto consedit. Cum propius irent, viderunt casellam pane aedificatam et dulciis constratam esse. Fenestrae saccharo claro confectae erant. »Ad rem accedamus«, Hannulus dixit, »delectemur hoc convivio delicatissimo. Ego particulam tecti edam, Gretula, tu fenestrae fragmentum comedere potes, dulci sapore est.« Hannulus manus sursum extendit et parvam particulam tecti decerpsit, ut censuram sacchari faceret. Gretula ad vitream quadraturam stitit et rodere coepit. Subito vox tenuis e cubiculo foras clamavit:

»Quis, cór-ro-ró-di-rá-sam,
arrodit meam casam?«

Liberi responderunt:

»Est zephyrus, est zephyrus,
divinus est infantulus«,

animoque tranquillo edere perrexerunt. Hannulus, cui tectus gratissimus erat, magnam partem eius proripuit et Gretula totam quadram vitream extrusit, consedit, iucunde cenavit. Repente porta patefacta est et femina senectute confecta, quae corpus baculo levabat, tarde foras exiit. Hannulus et Gretula tantopere perterriti sunt, ut bellaria eis de manibus exciderent. Vetula autem capite vacillans: »Euge, cari liberi«, inquit, »quid vos a cursu huc deiecit? Intrate modo et remanete mecum. Iniuria vobis non fiet.« Utriusque manum comprehendit et in casellam eos duxit. Iucundum cibum apposuit: lac, lagana saccharo obducta, mala, nuces. Tum duos bellos lectulos linteis albis stravit. Hannulus et Gretula in eis se posuerunt seque in caelo esse putabant.

Vetula comitatem finxerat. Quae enim mala maga erat, quae liberis insidiabatur. Casellam paniferam exstruxerat ad eos in eam inescandos. Quos nanciscebatur necabat, coquebat, comedebat, diem festum celebrabat. Magae oculos rubros habent, quibus non satis prospicere possunt. Odoratu sagace autem dotatae tamquam bestiae homines appropinquantes olfaciunt. Cum Hannulus et Gretula prope accederent, eos malitiose irrisit et secum: »Captivi, quibus ego potita sum«, inquit, »noniam effugiant.« Primo iam mane, priusquam liberi somno excitarentur, e lecto surrexit. Cum eos buccis rubris rotundis ornatos tam nitide dormientes conspiceret, admurmuravit: »Isti convivium sollemne mihi parabunt.« Manu macro Hannulum corripuit, in parvum stabulum clatratum portavit, in eo inclusit. Qui eiulavit et ululavit – sed frustra laboravit. Maga tum Gretulam convenit et e somno excitavit. Cui: »Surge«, inquit, »caro desidiosa, aquatum i, fratri tuo in stabulo incluso bonum cibum coque, ut pinguescat. Cum pinguis fuerit, eum comedam.« Gretula effusissime flere coepit, sed fletus frustri erant, faciendum ei erat, quod mala maga iusserat.

Venefica Hannulo miserando iucundissimos cibos coquebat, Gretulae autem nil nisi testae cancrorum ministrabantur. Mane vetula suspenso gradu stabululum appetebat et clamabat: »Hannule, digitum e cavea exsere, ut sentiam si satis pinguis iam es.« Hannulus ossulum autem exserebat. Vetula, quae oculos caligantes habebat, putabat os digitum esse. Mirabatur puellum pondere non crescere. Cum quattuor hebdomadibus effluxis Hannulus tunc etiam macer maneret, maga morae impatiens diutius exspectare noluit. »Eho, Gretula«, clamavit, »perniciter aquam pete – utrum Hannulus pinguis sit an macer, cras eum quantocumque pretio mactabo et coquam.« Sororcula miseratione digna lamentata est fletumque, cum aquam petitum iret, cohibere non potuit. Lacrimae de genis eius defluebant. »Deus bone, ades nobis!« clamavit. »Si bestiae ferae silvae nos comedissent, saltem coniuncti mortui essemus.« – Sed vetula: »Frustra eiulas«, inquit, »nihil proficies.«

Primo mane Gretulam e lecto surgere, aënum aquarium suspendere, ignem facere iussit. »Primum coquemus«, vetula dixit, »ligna in camino iam accendi, farinam subegi.« Miseram Gretulam foras extrusit et ad furnum traxit, quem flammae iam lambebant. Tum: »Intro repe«, inquit, »et cura, ut furnus ad panem intromittendum satis calefactus sit.« Ore furni clauso puellam in eo assatam comedere in animo habebat. Gretula autem veneficae consilium perspexit. Quae: »Nescio«, inquit, »quomodo hoc faciam, quomodo in furnum introeam.« – Et maga: »O te fatuam«, inquit, »os satis magnum est, ego ipsa introire possem.« His verbis propius iit caputque in furnum immisit. Gretula magam ictu afflixit omninoque in ignem detrusit. Ostiolum ferreum clausit et obseravit. Atrocissime ululare coepit. Sed Gretula abiit improbaque venefica miserrime igni cremata est.

Gretula autem recta ad Hannulum cucurrit, stabululum aperuit, clamavit: »Hannule, liberati sumus, venefica mortua est.« More avis, cuius cavea patefit, Hannulus e stabulo exsiluit. Magno gaudio affecti alter collum alterius amplexu petivit, modo huc, modo illuc circumsiluerunt, inter se oscula dederunt. Cum maga exanimis noniam metum eis iniceret, in eius casam intraverunt. Circumquaque, in omnibus angulis, cistae gemmis et margaritis impletae erant. Et Hannulus: »Hae«, inquit, »meliores quidem silicibus« sinumque eis refersit. Tum Gretula: »Et ego«, inquit, »aliquid mecum domum afferre volo.« Quo dicto subligaculum his rebus bellulis complevit. »Nunc autem proficiscamur. Tempus est, ut e silva excantata egrediamur«, Hannulus dixit. Postquam paucas horas per silvam ierunt, ad magnam profluentem pervenerunt. »Hanc traicere non possumus«, Hannulus dixit, »nec ponticulum nec pontem video.« – »Neque navicula vehi possimus«, Gretula respondit. »Ibi autem alba anas natat. Si eam auxilium rogo, adiuvabit nos ad profluentem transvehendam.« Clamavit:

»Hic, anas lepida,
Hannes et Gretula.
Tuis attolle nos
umeris liberos.«

Anaticula ex aqua egressa est, et Hannulus in umeris eius consedit et sororculam invitavit, ut iuxta consideret. Sed Gretula: »Non ita! Nimium graves sumus. Anaticula nos alterum post alteram transvehat.« Quod bona bestiola fecit. Profluente feliciter traiecta paulisper longius processerunt, et silva magis magisque nota eis videbatur. Demum ex longinquo casam patriam creverunt. Citato gradu cucurrerunt, cellam irruerunt, in collum patris invaserunt. Qui ne horam quidem vivere atque anima frui poterat, ex quo liberi in silva reliquerat. Noverca autem vita exierat. Gretula subligaculum excussit, et gemmae margaritaeque in cella circumsilierunt. Hannulus iterum iterumque quot e sinu expromptas manu capi possent proiecit. Nunc omnibus curis liberi solutique laeti convivebant. –

Finitus est apologus,
ibique currit musculus,
quo capto licet cappulam
conficere pelliceam.

4 De Mitella rubra apologus

Dulcis olim erat puellula, quam omnes, qui eam videbant, amabant. Multo maxime autem avia eam amabat, quae parvam donis onerabat. Aliquando mitellam rubram holosericam nepoti dono dedit. Quae, cum eam deceret nihiloque alio nisi ea vestita esse vellet, ab omnibus Rubrimitella appellabatur. Quondam mater ei dixit: »Audi, Rubrimitella, ecce tibi aliquantum placentae lagoenaque vini. Haec aviae perfer. Aegrota et debilis est hisque delectabitur. Proficiscere priusquam sol medium orbem signaverit. Oboedienter recta via i, noli de ea declinare, aliter procides et lagoena frangetur et avia nihil auferet. Cum in casam eius intrabis, verbis ›Salve, avia!‹ eam saluta priusquam omnes angulos inspexeris.«

»Rem te approbante geram«, Rubrimitella matri dixit fidemque ei dedit. Avia foris in silva habitabat, dimidiam partem horae a vico remota. Cum Rubrimitella ad silvam perveniret, in lupum incidit. Cum Rubrimitella nesciret, quae mala bestia iste esset, lupum non timuit. Tum ille: »Salve, Rubrimitella«, inquit. »Item salveas, lupe.« – »Quo vadis primo iam mane, Rubrimitella?« – »Aviam convenio.« – »Quid fers sub subligaculo abditum?« – »Placentam et vinum – heri placentam coximus, ut avia aegrota et debilis largiter se invitaret et vires reficeret.« – »Rubrimitella, ubi avia tua habitat?« – »Itinere quadrantis horae per silvam facto casam eius sub tribus magnis quercibus positam videbis, ibi et tres coryli sunt, ut certe scis«, Rubrimitella dixit. Lupus secum cogitavit: »Haec puellula tenera cibus delicatus est sapore multo iucundiore quam vetula. Fraude ac dolo res mihi suscipienda est, ut utramque capiam.« Paulisper

Rubrimitellam comitatus est. Tum: »Rubrimitella«, inquit, »en aspice pulchros flosculos ubique florentes, curnam non circumspectas? Puto te ne avicularum quidem dulcem cantum audire? Voluptatis expers meas quasi scholam appeteres neque animadvertis laetitiam atque hilaritatem in silva vigentes.«

Rubrimitella oculos aperuit. Cum radios solis per arbores ultro citroque saltantes omniaque plena pulchrorum florum conspiceret, secum cogitavit: »Si horum fasciculum mecum adducam atque aviae dabo, magnum gaudium ei parabo. Mane est, in tempore adveniam.« De via declinavit longiusque in silvam iniit et flores carpsit. Quotiescumque unum carpsisset, putabat, si procederet, etiam pulchriorem reperturam esse. Ita magis magisque in silvam caecam ingressa est. Lupus autem recta via casam aviae petivit foresque pulsavit. »Quis tu?« – »Rubrimitella sum. Placentam et vinum tibi affero. Ostium aperi.« – »Claustrum supprime«, avia dixit, »ego, quae debilis atque senectute confecta sum, e lecto surgere non possum.« Lupus claustrum suppressit ostiumque patefactum est. Lupus nihil dicens recta lectum aviae appetivit et eam devoravit. Quo facto veste et calautica eius se induit, in lecto eius recubuit, aulaea misit.

Rubrimitella interea flores quaesiverat. Postquam tot carpsit quot portare posset, aviae meminerat et iter ad casam eius direxit. Mirata est ostium patere. Cum in conclave intraret, mire affecta est secumque cogitavit: Pro deus optime, quid mihi anxii animi hodie est, quae antea tam bene apud aviam me habeam?! »Salve« clamavit, sed responsum non abstulit. Tum ad lectum cucurrit et aulaea sustulit – et in lucem, en, prodiit avia, quae calautica faciem obtexente vestita mirum aspectum praebebat. »O avia, quam magnos habes aures!« – »Ut melius te audire possim.« – »O avia, quam magnos habes oculos!« – »Ut melius te videre possim.« »O avia, quam magnas habes manus!« – »Ut melius te capere possim.« – »At, avia, quam ingens habes os!« – »Ut melius te comedere possim.« Vix lupus haec dixerat, cum uno impetu e lecto exsiluit et miseram Rubrimitellam devoravit.

Libitu carnoso expleto lupus iterum in lecto procubuit, obdormivit, magna voce stertere coepit. Venator, qui commodum casam praeteribat, secum cogitavit: Quam supra modum strepentes anus stertentis sonitus sunt! Ab ea percontabor num aegra sit. In conclave intravit lupumque in lecto iacentem vidit. »Tandem te furem hic investigo«, inquit, »perdiu te agitavi.« Cum manum sclopeto admoturus esset, ad animum ei occurrit lupum aviam fortasse comedisse eamque etiam servari posse. – Glandem igniferam non excussit, sed forficem sumpsit, quo ventrem lupi dormientis insecuit. Postquam nonnullas incisuras fecit, mitellam rubram lucentem vidit. Cum secare pergeret, puella e ventre exsiluit et dixit: »Dici non potest quantopere in ventre obscuro lupi inclusa metu perterrita essem!« Tum et avia, quae anhelabat, incolumis exiit. Rubrimitella autem cito magna saxa gestavit, quibus ventrem lupi farsit. Cum expergisceret, aufugere voluit. Saxa autem tam gravia erant, ut succumberet et de vita exiret.

Nunc omnes pergaudebant. Venator lupo pellem detraxit domumque tulit; avia placentam edit vinumque, quod Rubrimitella apportaverat, bibit et revixit; Rubrimitella secum cogitavit: Numquam post dum vivam matre vetante de via deflectam et in silvam intrabo.

Ad nos et affertur narratio de Rubrimitella aviae res coctas allatura, cui alius lupus persuasit, ut de via deflecteret. Quem Rubrimitella autem cauta est rectaque via processit. Aviae dixit se in lupum incidisse, qui vultu torvo eam aspexit et salvere iussit. »Nisi palam me convenisset, haud dubie me comedisset.« – Tum avia. »Age«, inquit, »fores obseremus, ne introire possit.« Paulo post lupus fores pulsavit et clamavit: »Ostium aperi, avia, Rubrimitella sum, cocta tibi affero.« Avia et Rubrimitella autem tacuerunt nec ostium aperuerunt. Caniceps aliquoties suspenso gradu circum casam iit, tum in tectum insiluit. Cui in animo erat exspectare dum Rubrimitella vesperi domum rediret. Eam clam sequi et nocturno tempore comedere cogitabat. Avia autem cognovit quod scelus machinaretur. Ante casam magnus alveus lapideus erat. Avia puellae dixit: »Heri, Rubrimitella, hillas coxi. Situlam sume aquamque, in qua fervefactae sunt, ad alveum porta.« Rubrimitella aquam petivit dum alveus plenus erat. Odor hillarum lupi nares invasit. Odorem scrutans de tecto despexit et collum tetendit. In tecto permanere non iam potuit et delabi coepit. De tecto delapsus est recta in magnum alveum cuius in aqua periit. Rubrimitella autem animo hilari domum iit neque quisquam nunc erat, qui iniuriam ei inferre posset.

5 De Sopitula bella apologus

Multo ante rex reginaque vivebant, qui diem ex die dicebant: »Utinam infantulum haberemus!« Qui autem infans eis natus non est. Accidit quondam, cum regina in stagno lavaretur, ut rana ex aqua ad ripam reperet et diceret: »Optatum impetrabis. Priusquam annus transierit, filiam paries.« Quod rana dixerat factum est reginaque puellam peperit, quae tam venusta erat, ut rex facere non posset, quin magnum diem festum institueret. Non solum omnes propinquos, amicos, familiares invitavit sed etiam magas sapientes, ut infanti faverent et amicae ei essent. Sapientia praeditae erant tredecim in regno eius. Quarum una autem domi manere debuit, cum rex duodecim tantum catillos cibarios ex auro factos haberet. Festum magno cum splendore celebratum est. Quo finito magae infantem muneribus mirabilibus donaverunt: virtute, pulchritudine, divitiis, omnibus huius mundi rebus desiderabilibus. Cum undecima optatum fecisset, tertia decima repente intravit. In regem vindicare voluit, quod ad festum eam non rogavisset. Nemini salutem dedit nec quemquam adspexit. Tum illa: »Regis filia«, inquit, »quindecim annos nata in fuso operando pungatur mortiferoque vulnere affecta corruat.« Nil aliud dicens regi tergum obvertit et ex atrio exiit. Omnes in terrorem coniecti sunt. Forte fortuna duodecima arte magica nondum usa erat. Fascinationem non irritam facere sed modo mitigare poterat: »Regis filia«, inquit, »ne moriatur, sed centum annos graviter et arte dormitet.«

Ad suam caram filiam a calamitate defendendam toto in regno omnes fusos igne deleri iussit. Bonarum magarum autem praedictiones ad puellam pertinentes ad unam omnes verae probatae sunt, nam puella tam venusta, tam verecunda, tam amabilis, tam sapiens erat, ut omnibus eam aspicientibus gratissima esset. Accidit, ut eius die natali quinto decimo rex et regina non domi versarentur puellaque sola in regia remaneret. Ubique circumcursabat conclaviaque et cellas ad libidinem inspiciebat. Demum ad turrem vetustam pervenit. Scalas cochleatas angustas sursum ascendit et ad parvam portam pervenit. In claustro clavis robiginosa erat. Cum eam circumageret, porta subito patefacta est. In parvo conclavulo vetula sedebat, quae fuso linum nebat. Cui regis filia: »Salve, aviola«, inquit, »quid agis?« – Et vetula: »Neo«, inquit capitis motu nutans. »Quae haec est res, quae tam hilariter huc atque illuc iactetur?« puella rogavit. Tum fusum prehendit, quod et ipsa nere volebat. Vix autem fusum tetigerat, cum carmen eventu comprobatum est puellaque digitum suum pupugit.

Eo ipso autem puncto temporis, quo acu se vulneraret, in lectum, qui prope stabat, incidit et obdormivit. Et tota domus regia somno oppressa est, rex et regina, qui modo domum redierant et in atrium intraverant, omnesque aulici obdormiverunt. Et equi in stabulo, canes in aula, columbae in tecto, muscae in pariete obdormiverunt. Etiam ignis, qui in fornace tremulis flammis ardebat et crepabat, conticuit et obdormivit, et assum torreri desiit. Coquus capillos pueri culinarii tracturus erat, quod ille in offensionem eius incurrerat. Puerum autem dimisit et obdormivit. Et ventus cessavit, et in arboribus ante domum regiam ne unum quidem foliolum se commovit.

Circum regiam vepres crescere coeperunt, qui tempore procedente magis magisque alti facti postremo totam regiam circumtexerunt et supercreverunt, quo factum est, ut nihil conspici posset, ne vexillum quidem in tecto positum. In regno autem fama erat bellam puellam Sopitulam dictam in castello dormitare. Quare interdum regum filii venerunt, qui per vepres in regiam penetrare conati sunt. Quod quidem efficere non potuerunt, nam vepres, quasi manus haberent, inter se amplexabantur. Iuvenes in eis capti non se liberare potuerunt, miserabili obitu excesserunt. Multis annis post etiam regis filius civitatem appetivit. Qui senem de vepribus narrare audivit. Vir ille dixit post hoc dumetum castellum esse, in quo venustissima regis filia nomine Sopitula ex centum annis dormiebat una cum rege et regina et omnibus aulicis. Et avus eius dixit multos iam regum filios venisse et per vepres penetrare conatos esse. Ad unum omnes autem in vepribus implicati obitu tristi excesserunt. Tum adolescens: »Angoribus minime premor«, inquit, »bellam Sopitulam videre cupio.« Ut bonus senex eum dehortaretur a hoc faciendo, tamen verbis eius aures non praebuit.

Centum annis praeteritis dies advenit, quo die Sopitula e somno rursus experrecta est. Cum regis filius vepribus appropinquaret, ex eis magni flores nitidi facti sunt. Qui ipsi se dimoverunt eique integro et incolumi transitum dederunt. Post tergum eius rursus vepres impenetrabiles facti sunt. In area equos crevit et canes venaticos maculosos, qui omnes dormiebant. In tecto columbae capitula sua sub alis abdentes sedebant. Cum in domum intraret, muscas sopitas parieti adhaerentes vidit, coquum in culina manum tollentem quasi tironi alapam ducturus esset, ancillam ante gallinam nigram sedentem, cui plumas vulsura erat. Cum longius procederet, in solo oeci omnes aulicos dormientes iacere vidit, et supra ad sellam regiam rex et regina iacebant.

Etiam longius processit, et omnia tam quieta erant, ut respirationem suam audire posset. Cum demum ad turrem perveniret et ostium cellulae, in qua dormiebat, aperiret, Sopitulam conspexit. Quae tam venusta erat, ut oculos ab ea avertere non posset. Corpore inclinato osculum ei dedit. Cum os eius os Sopitulae tangeret, puella oculos aperuit, somno excussa est, comiter adulescentem aspexit. Ambo de turri descenderunt. Rex, regina, aulici experrecti et magnopere mirati sunt. Equi in area surrexerunt et ex somno se excitaverunt, canes venatici caudam moventes circumsiluerunt; columbae in tecto capitulum sub ala abditum protulerunt, circumspexerunt, campos volando appetiverunt; muscae parietibus adhaerentes rependo discesserunt; fornax in culina ignem traxit, tremula flamma arsit, cibum coxit; caro assari coepit; coquus puello ululanti alapam duxit; ancilla ad finem plumarum gallinae evellendarum venit. Nunc regis filius cum Sopitula nuptias fecit. Quarum sollemnia regio apparatu celebrata sunt. Sponsus et sponsa usque ad vitae finem iucunde vixerunt.

6 De ranunculo rege seu de Henrico ferro vincto apologus

Antiquis temporibus, cum optata eventu comprobabantur, rex vivebat, cuius filiae omnes formosissimae erant. Minima natu tam quidem formosa erat, ut sol ipse, qui tanta iam viderat, iterum atque iterum stuperet, cum os eius radiis suis illustrabat. Prope domum regiam magna silva tenebricosa erat, qua in silva sub tilia vetusta puteus inveniebatur. Cum caelum aestuosum erat, regis filiola silvam appetebat puteique frigidi ad oram assidebat. Cum dies ei longus videbatur, globum aureum prehendebat, sublime iactabat, manu excipiebat. Quo oblectamine plurimum delectabatur.

Quondam accidit, ut filiae regiae globus aureus non in eius manusculam, quam sursum tollebat, caderet, sed in solum decideret rectaque in aquam involveretur. Puella globum e conspectu abeuntem oculis prosequebatur. Puteus ille altissimus erat, fundus videri non poterat. Filia regia collacrimabat, eiulabat, ululabat, angebatur. Quam lamentantem repente vox appellavit. »Quid rei est, regis filia? Ploratus tui quemvis vel durissimum moveant!« Cum circumspiceret, ranunculum vidit, cuius caput crassum atque deforme ex aqua eminebat. »Ecce! Tutene, ocule torpens?!« dixit. »Lacrimo, quod globus meus aureus in puteum incidit.« – »Dolorem abice! Noli lacrimare!« ranunculus respondit. »Possum te iuvare. Quid autem mihi dabis, si tuam rem lusoriam e puteo prompsero?« – »Quodcumque cupias, care ranuncule«, inquit, »vestes meas, margaritas, gemmas, coronam quidem auream capiti meo impositam.« Sed ranunculus »Nolo«, inquit, »vestes tuas, margaritas, gemmas, coronam auream capiti tuo impositam – volo te me amare, volo tibi amicus et collusor esse, volo iuxta te ad mensulam sedere, e catillo tuo edere, e pocello tuo bibere, in lectulo tuo cubare. Si haec mihi promittes, in puteum insiliam globumque aureum expromam.« – Et illa: »Fiat!«, inquit, »quaevis optabis faciam, si globum mihi repetis.« Secum autem: »O sancta simplicitas! Iste ranunculus in aqua cum sociis suis coaxans nullius hominis amicus esse potest.«

Postquam puella huic consilio adsenta est, ranunculus caput in puteo summersit, in aquam saltu se iniecit, brevi post revenit, globum ori in herbam exprompsit. Regis filia in gaudium effusa bellam rem lusoriam conspexit, terra sustulit, cursu se proripuit. »Mane! Mane!«, ranunculus clamavit, »me duc tecum, more tuo cito currendi imperitus sum!« Qui autem frustra maxima voce coaxavit. Puella clamores nihil curavit. Domum maturavit et iam mox ranunculi, qui iterum in puteum insiluerat, oblita erat.

Postero die, cum puella cum rege et purpuratis accubaret et e catillo aureo ederet, mira res umida per manus et genua reptans gradus marmoreos ascendit. Cum summo in gradu adveniret, ianuam pulsavit et clamavit: »Filia regia minima natu, ianuam mihi aperi!« Quae ad ianuam cucurrit, ut inspiceret, quinam ad fores esset. Cum ianuam aperiret, ranunculum ante eam sedentem conspexit. Fores raptim obiecit animoque sollicito ad mensam iterum consedit. Cui rex, qui cor eius vehementer palpitantem animadvertit: »Filiola mea«, inquit, »quid times? Num gigas te abducturus ante ianuam stat?« – Et filia: »Minime vero«, inquit, »gigas non est, ranunculus informis et foedus est.« – »Quid terrarum iste te vult?« – »Care mi patercule, cum heri in silva prope puteum globo aureo luderem, globus in aquam incidit. Cum lacrimas uberes profunderem, ranunculus eum ex aqua deprompsit. Poposcit autem a me, ut amica eius fierem, quod pollicita sum. Minime putabam eum ex aqua exire posse. Nunc ad fores stat et intrare cupit.« Et iam iterum ranunculus ianuam pulsavit et clamavit:

»Regis filia minima natu,
ianuam aperi.
An nescis quod heri
mihi promiseris
ad putei aquas frigidas?
Regis filia minima natu,
ianuam aperi.«

Tum rex: »Pacta sunt servanda. I ianuam patefactum.« Cum puella ianuam patefaceret, ranunculus in cubiculum insiluit vestigiis eam usque ad sellam eius consequens. Tum ille: »In sellam impone me iuxta te.« Quod faciat rex filiae cunctanti imperavit. Ut primum ranunculus in sella sedit, mensam appetere voluit, et cum in ea sederet: »Nunc«, inquit, »admove catillum, ut communiter cenemus.« Quod puella fecit, etiamsi, ut clare videri poterat, perinvita fecit. Ranunculus largiter se invitavit, puellam epulae fere suffocaverunt. Postremo ranunculus dixit: »Famem et sitim explevi. Nunc lectulo bombycino strato me lassitudine confectum in cubiculum tuum porta, ut somno nos tradamus.« Filia regis lacrimare coepit. Ranunculum frigidum timebat, quem bellum lectulum mundum appetiturum tangere non audebat. Sed rex ira inflammatus: »Noli spernere, qui tibi in angustiis versanti adfuit.« Duobus digitis caute eum cepit, sursum tulit, in angulo deposuit. Cum illa autem in lecto iaceret, arrepsit et dixit: »Fatigatus sum, ego tam bene quam tu dormire cupio – in lectum subleva me, nisi vis patri tuo rem enuntiem.« Ira ardens eum sublevavit et summa vi in parietem coniecit: »Nunc noniam mihi oneri es, turpis bestia!«

Cum ranunculus autem de pariete decideret, e foeda bestia principulus bellis oculis comibus praeditus factus est. Quem pater libenti animo filiae nuptum dedit. De venefica malefica narravit, quae carminibus eum in aliam naturam converterat et dixit neminem nisi regis filiam e puteo liberare eum potuisse. Addidit se una cum ea postero die regnum suum appetere velle. Tum somno oppressi sunt. Postridie, cum sol e somno eos excitaret, currus octo equis albis iunctus advenit, quorum capita struthocameli pennis albis ornata erant. Equos catenis aureis vinctos Henricus principuli famulus fidus sequebatur. Cum dominus eius in ranunculum devotus esset, Henricus fidus maximum dolorem ceperat. Cor suum tribus catenis ferreis circumligaverat, ne dolore atque maestitia frangeretur. Equi iugales missi erant, ut regem adulescentem in regnum eius veherent. Henricus fidelis, qui toto pectore de salute domini sui laetabatur, ambo in currum imposuit et rursus in currus postica parte locum cepit. Postquam nonnullos passus itineris confecerunt, regis filius fragorem post tergum audivit, quasi aliquid fractum esset. Se convertit et clamavit:

»Rota fractast essedi.«
»Minime, domine mi.
Cordi meo vinculum
cinctum ruptumst ferreum,
quod eventu prospero
fabulae tam gaudeo.«

Duo etiam in itinere fragores auditi sunt. Regis filius numquam non credidit currum diruptum iri. Sed vincula erant, quae de corde Henrici fidelis deciderunt, quod dominus eius nunc salvatus et beatus erat.

7 De Hanne fortunato apologus

Hannes domino, postquam septem annos apud eum servivit: »Domine«, inquit, »tempus, quo operas meas tibi locavi, finitum est. Nunc ad matrem domum redire velim. Mercedem quaeso persolve mihi.« Cui dominus: »Tu mihi semper servus fidelis atque sincerus fuisti. Operam utilem mihi navavisti, et operae aptam mercedem accipies.« Auri massam ei dedit tam magnam quam caput Hannis. Hannes e sinu pannum exprompsit, massam in eo involvit, umeris accepit, domum capessivit. Cum lente incederet pedem pedi proponens, eques in conspectum eius venit, qui hilariter atque impigre equo alacri praetervehebatur. Cui Hannes: »Ah«, inquit, »equo vehi iucunda est res! Quasi sellae equo insides, nullum lapidem offendis, calceorum compendium facis, tamen aliqua procedis.« Eques, qui haec verba audiverat, habenas adduxit et clamavit: »O Hannes, cur gentium pedibus iter facis?« – Et ille: »Necesse est«, inquit. »Mihi globus ex auro factus domum ferendus est, sed caput erigere non possum, praeterea pondus umerum atterit.« – Cui eques: »At scin' quid, sodes?« inquit, »Res mutemus – ego tibi equum meum dabo, tu mihi globum tuum dabis.« – »Libentissimo animo«, Hannes dixit. »Quo pondere autem membra fessa trahes.« Eques ex equo descendit, aurum accepit, Hannem in equum ascendere iuvavit, habenas his verbis manui eius tradidit: »Si vis equum celeriter currat, lingua tibi crepandum et hop hop vociferandum est.«

Hannes beatissimus erat, cum in equo sederet eoque libere et animo relaxato veheretur. Brevi tempore interiecto in mentem ei venit equum etiam celerius currere posse, qua de causa lingua crepavit et hop hop vociferatus est.

Equus citato gradu ire coepit, et Hannes, cum minime exspectaverit, ab equo effusus in fossa iacebat, quae agros a via publica separabat. Equus aufugisset, nisi agricola, qui bovem agebat et cuius via viam Hannis concurrebat, fugientem retardavisset. Hannes ossa in ordinem redegit et rursus in pedes se coniecit. Qui lapsum autem aegre ferens agricolae: »Haud iuvat caballo vehi« inquit, »qui expavescat et equitem effundat, ut cervices illius frangantur. Ego numquam equo vehar. Mallem bovem tuam, quam gradu placido pone sequi possem et quae praeterea cottidie lac, butyrum, caseum mihi provideret. Si talem bovem haberem – omnia pro ea darem!« – Et agricola: »Obsequar, sis«, inquit, »voluntati tuae bovem que meam cum equo tuo mutabo.« Hannes condicionem libentissime accepit. Agricola in equum insiluit et quam celerrime avectus est.

Hannes bono commercio laetans bovem aequo animo prae se egit. »Si panis, quo non careo, frustum edere volo, butyro et caseo illinere possum cum mihi cordi est. Si siti premor, bovem meam mulgeo eiusque lac bibo. Quid amplius desidero?« Cum ad deversorium adveniret, constitit, laetitia perfusus omnia, quae secum habebat, cenam, cibum vespertinum, comedit, ultimos nummos in dimidium poculum cerevisiae erogavit. Tum bovem protinus egit vicum matris appetens. Quanto meridies appropinquabat, tanto calores molestiores fiebant Hannique etiam iter dimidiae horae per ericetum faciendum erat. Sudare coeperat linguaque sitientis palato adhaerebat. »Res facillime tractari potest«, Hannes secum cogitabat. »Bovem mulgebo lacteque eius delectabor.« Bovem ad arborem aridam alligavit. Cum situlam non haberet, pilleum scorteum uberi supposuit. Quantopere autem contenderet, ne lactis quidem gutta in conspectum venit. Cum praeterea rudem se praeberet, bestia morae impatiens pede posteriore capiti eius plagam intulit tanta vi, ut pedibus titubantibus procideret et aliquamdiu nesciret, ubi esset. Bene accidit, ut lanius ei obvius fieret, qui porcellum in plostello iacentem secum ferebat. »Quaenam hae sunt res?« clamavit Hannemque levavit. Hannes narravit quae accidissent. Et lanius lagoenam ei porrigens: »Bibe«, inquit, »et remitte animum. Vacca noniam lactat. Animal grande natu est ad currum trahendum fortasse aptum fatoque nata, ut caederetur.« – Et Hannes: »Incredibile creditu«, inquit manu in capillum sibi involans, »quis hoc exspectaverat!? Certe res utilis atque iucunda est tale animal domi iugulare – carnis causa. Ego carnem bubulam autem nihil curo. Non satis sucida est. Utinam porcellum habeam! Suilla melius sapit, ne bonorum botellorum obliviscar.« – Et lanius: »Age, Hannes«, inquit, »tui gratia porcum meum cum vacca tua mutabo.« Cui Hannes: »Ut Deus tibi pro benignitate gratiam referat«, inquit. Vaccam lanio tradidit, qui porcellum resolvit funemque, quo alligatus erat, manui Hannis imposuit.

Hannes processit et mente agitavit quae omnia ex sententia procederant. Molestiis ei exhibitis iterum iterumque statim liberatus est. Paulo post adulescentulus ei se adiunxit, qui sub bracchio bellum anserem album ferebat. Cum colloquebantur, Hannes de sua arte e rebus inter se mutandis fructum capiendi narrabat. Adulescentulus dixit anserem convivis sollemnis baptismalis destinatum esse. Qui alas eius arripiens perrexit: »Sursum eum tolle, ut videas quo pondere valeat. Quid mirum – octo menses saginatus est! Qui assum anserinum morsu arripit, ei genae pingui sparsae detergendae sunt.« – Una manu anserem pensans

Hannes: »Ita«, inquit, »vere gravis est, sed porcus meus non est sus.« Interea adulescentulus quoquoversum incerte caputque quatiens circumspiciebat. Tum Hanni: »Audi«, inquit, »de porco tuo dubitandumst. In vico, per quem modo transii, porcus sculteti surreptus est. Quid dicam? Timeo, ne sit ille, quem tecum ducis. In omnes partes vicani dimissi sunt. Faucibus premereris si cum porco te deprehenderent, in optimo casu in carcerem includereris.« Hannes anxiis curis impletus: »Pro Deus optime!« inquit, »succurre mihi in angustiis versanti. Rerum gerendarum peritus es. Porcum meum accipe tuumque anserem mihi da.« – Sed adulescentulus: »Multum in aleam do«, respondit, »at nolo culpa mea in calamitatem incidas.« Funem igitur manu prehendit porcumque cito in iter transversum egit. Hannes cura liberatus nunc anserem sub bracchio ferens patriam appetivit. »Re diligentius explorata«, secum dixit, »e mutatione animalium etiam fructum cepi: assum bonum, adeps, qui effluet – pane adipe anserino oblito tres menses vescar –, denique bellas pennas albas, quibus cervical meum farciam, etsi cunis impositus non moveor, attamen obdormiam. Mater mea toto pectore laetabitur.«

Cum per ultimum vicum transiret, in virum, qui ferramenta acuebat, incidit. Qui stabat ad suum carrum et cantabat, dum rotula placide susurrat:

»Exacuo forfices propere,
ad motus fortunae qui moveo me.«

Hannes substitit virumque spectavit. Quem his tandem verbis allocutus est: »Certe bene te habes, quia tam hilari animo forfices acuis.« Et ille: »Sane«, inquit, »artem qui sequitur, raro pauper reperitur. Quoties, cum cruminam aperit vir, qui bene ferramenta cote acuit, pecuniam in ea reperit. Sed ubi bellum anserem emisti?« – »Quem minime emi. Porco commutavi.« – »Et porcum?« – »Vacca commutavi.« – »Et vaccam?« – »Equo commutavi.« – »Et equum?« – »Quem auri massa capite meo maiore mutavi.« – »Et aurum?« – »Em, aurum accepi quod septem annos domino operam utilem navavi.« – »Rem semper expedivisti«, acuminator respondit. »Si tibi contingit, ut mane surgendo nummos in marsupio sonare audias, rebus tuis consulueris.« – »Quomodo vis hoc faciam?« Hannes rogavit. »Acuminatorem te fieri oportet. Tibi nihilo nisi cote opus est, cetera sua sponte fiunt. Ecce una! In hac paulum quidem vitium inest, sed nihil aliud nisi anserem eius loco mihi dare debes. Rectumne?« – Cui Hannes: »Quaestio supervacanea est«, inquit, »homo orbis terrarum felicissimus fiam. Si marsupium meum semper pecunia plenum est, vitam curis vacuam agere possum.« Anserem ei dedit et cotem accepit. »Ecce!« acuminator inquit solitum saxum grave, quod iuxta eum iacebat, sublevans: »Hic tibi etiam saxum ad pulsandum maxime idoneum, quo clavi curvi recti fieri possint. Quod accipe atque bene conserva.«

Hannes saxum carro imposuit animoque hilari processit. Oculi eius gaudio lucebant. »Fortuna secunda utor«, exclamavit, »omnia, quae desidero, fiunt. Terrae filius vere sum, fortuna me extulit.« Interea, cum ex prima luce in itinere fuisset, fatigari coepit. Qui et fame urgebatur, quia vaccae parvo emptae causa laetitia effusus penum simul consumpserat. Multo labore procedens perpetuo consistere debuit, saxis gravibus nimium tergum urentibus. Inde laterum non ferendorum consilium ei natum est. Cochleae more tarde procedens ad puteum venit, ut ibi quiesceret potuque frigido delectaretur. Ne saxa autem considendo laederet, ea caute in puteal iuxta se deposuit. Quo facto ad aquam bibendam se demisit, sed inconsiderate puteale aliquantillum offendit duoque saxa in puteum inciderunt. Cum Hannes ea decidentia oculis cerneret, gaudio exsiluit, tum in genua procubuit Deoque cum lacrimis gratias egit, quod et hoc beneficium ei dederat eumque saxis, quae impedimento erant, ingeniose liberaverat, quin sibi crimini dare deberet. »Nusquam gentium«, clamavit, »homo me felicior invenitur!« Bono animo omnique onere liberatus currendo processit, donec domi apud matrem esset.

8 De Lupo septemque capellis apologus

Olim erat capra grandis natu. Haec septem capellas habebat, quas amabat ut mater amat liberos suos. Quondam in silvam pabulatum itura septem capellas advocavit et dixit: »Cari liberuli, silvam appetitura sum. Cavete lupum. Si eum intromittetis, vos omnes plane absumet. Improbus saepe ovem simulat, sed voce aspera pedibusque nigris eum noscitabitis.« Et capellae: »Cara mater«, inquiunt, »lupum cavebimus. Noli laborare. Bono animo discede.« Vetula mutivit beneque sperans iter ingressa est.

Iam brevi post aliquis ianuam pulsavit et clamavit: »Aperite, liberuli, mater vestra adest, quae unicuique vestrum bellum donum attulit!« Ex voce aspera autem capellae lupum cognoverunt. Quae: »Ianuam non patefaciemus«, clamaverunt, »tu minime mater nostra es. Quae enim vocem tenuem et dulcem habet. Vox tua aspera. Tu lupus es!« Lupus tabernarium convenit cretamque emit – qua edenda vocem suam tenuem reddidit. Tum rediit, ianuam pulsavit, clamavit: »Aperite, liberuli, mater vestra adest, quae unicuique vestrum bellum donum attulit!« Sed lupus pedem nigrum in fenestra posuerat, quod capellae viderunt. »Ianuam non patefaciemus«, clamaverunt, »matri nostrae nullo pacto pedes nigri sunt. Tu lupus es!« Lupus pistorem convenit et »Pedem meum offendi«, inquit, »pulticula subacta obline eum.« Postquam pistor pedem oblevit, molitorem adiit et: »Pedem farina alba consperge«, inquit. Quod molitor recusavit secum cogitans: Lupus certe aliquem fraude temptaturus est. Sed lupus: »Nisi facis quod tibi dixi, te absumam.« Molitor metu commotus pedem eius farina alba oblevit. Ita homines se habent.

Nunc lupus nequam tertio ianuam appetivit, eam pulsavit, dixit: »Ianuam aperite, liberuli, bona matercula vestra domum rediit, unicuique vestrum e silva bellum donum attulit!« Tum capellae: »Primum pedem tuum nobis monstra, ut videre possimus te re vera nostram caram materculam esse!« Lupus pedem in fenestra posuit. Cum pedem album viderent, putaverunt omnia, quae dixit, vera esse foresque patefecerunt. Et lupus in casam irruit. Perterritae sunt seque abdere voluerunt. Prima sub mensam saluit, altera in lectum, tertia in fornacem, quarta in culinam, quinta in armadium, sexta sub aqualem, septima in capsam horologii parieti affixiam. Lupus omnes autem investigavit et haud cunctanter unam post aliam devoravit praeter minimam natu in capsa horologii occultam, quam non repperit. Cum lupus famem explevisset, se amolitus est, in prato viridi sub arbore corpus prostravit, obdormivit.

Non multo post capra mater e silva domum rediit. O quem adspectum horridum! Ianua latissime patebat – mensae, sellae, scamna: omnia subversa erant; aqualis fractus erat, opertorium pulvinique ante lectum humi iacebant. Filiolas suas quaerebat, sed nusquam reperiri poterant. Aliam post aliam nominatim citavit, nulla autem respondit. Cum demum nomen minimae natu vocaret, vox tenuis clamavit: »Cara mamma, in capsa horologii abdita sum.« A matre e capsa extracta narravit lupum venisse omnesque ceteras voravisse. Mente certe matrem nunc fingere potestis miseras filiolas deflentem.

Postremo maerore confecta cum capella minima natu foras iit. Cum ad pratum adveniret, lupus sub arbore iacebat et tantopere stertebat, ut rami tremerent. Ex omnibus partibus oculis eum perlustrabat. Repente in ventre pleno nescio quid moveri et palpitare conspexit. Deus bone, secum cogitavit, mei liberuli miserandi, quos cibo vespertino devoravit, forsitan supersunt. Capellam domum redire iussit, ut forficem, acum, fila linea duplicata peteret. Tum monstro popam insecuit. Vix incisuram fecerat, cum capella iam capitulum eiecit. Cum insecare pergeret, sex reliquae alia post aliam exsiluerunt. Ad unam omnes salvae erant. Ne damnum quidem acceperant, quod belua eas totas devoraverat. Laetitia elatae bonam materculam amplexatae et osculatae sunt et saluerunt ut vestificus sollemnia nuptiarum celebrans. Quibus capra mater: »Nunc saxa collectum ite«, inquit, »ut impiae bestiae ventrem expleamus quamdiu sopita est.« Capellae septem festinanter quam plurima saxa portare possent attulerunt, quibus ventrem lupi impleverunt. Lupo imprudente anus ventrem incredibili velocitate obsuit. Qui ne se quidem movit.

Postquam lupus satis dormivit, in pedes se coniecit. Cum saxa, quae qui ventri inerant, magnam sitim incitarent, ad puteum potatum ire voluit. Cum autem procedere et commeare inciperet, saxa in ventro colliserunt fragoremque ediderunt. Tum lupus:

»Quid strepitum edit in stomacho meo?
Six insunt capellae aut saxa in eo?«

Cum ad puteum adveniret et corpus bibendi causa inclinaret, saxa gravia eum intro traxerunt, et miserandum in modum in aqua periit. Cum capellae hoc viderent, advolaverunt et: »Lupus est mortuus! Lupus est mortuus!« conclamaverunt et laetitia perfusae cum matre sua circum puteum saltaverunt.

9 De Mamma Nivali apologus

Vidua duas filias habebat, quarum una bella et sedula, altera foeda et pigra erat. Cui autem filia foeda et pigra, quia naturalis, multo gratior erat. Privignae ut Cinerella tractatae omnes labores suscipiendi erant. Noverca miserandam puellam cottidie in via ad puteum sedentem tantam lanam tractare iubebat, ut sanguis e digitis efflueret. Accidit, ut tubulus omnino cruore respersus esset. Cum ad cruorem abluendum corpus super puteum inclinaret, tubulus ei e mano elapsus est et in eum decidit. Flevit, ad novercam cucurrit, ei narravit quo incommodo affecta erat. Quae his verbis puellam vituperavit et sine misericordia ignominia affecit: »Tubulus e manibus tibi excidit? Fac eum expromas.« Puella ad puteum rediit plane nesciens quid sibi faciendum esset. Angore confecta in puteum insiluit, ut tubulum expromeret. A sensu mentis abstracta est. Cum ad sanitatem rediret, in bello prato erat, ubi sol se fundebat et mille flores lucebant. Quo in prato ire perrexit. Ad furnum pervenit, qui pane repletus erat. Panis autem eam imploravit: »Extrahe me, extrahe me, ne comburar – iam diu coctus sum.« Puella furnum adiit palaque panem exprompsit. Quo facto longius progressa est. Ad arborem malis plenam delata est, quae eam inclamavit: »Quassa me, quate me, omnia mala mea matura sunt.« Puella arborem quassavit magnaque vis malorum decidit. Quassavit dum omnia mala depluerant. Postquam ea cumulavit, iter perrexit. Postremo ad casellam pervenit, cuius anus per fenestram prospiciebat. Cum illa autem dentes nimis magnos haberet, in timorem pervenit et aufugere voluit. Anus autem eam voce prosecuta est: »Ne timueris, parvula, mane mecum. Si omnia opera domestica recte facies, bene te habebis. Acriter animum attende ad meum lectum bene seduloque sternendum et excutendum, ut plumae circumvolitent et nives in terram decidant. Ego enim Mamma Nivalis.« Cum anus eam tam blande alloqueretur, puella animum suum confirmavit, condicionem accepit, Mammae Nivali operam suam locavit. Vetula approbante omnes labores expediebat lectumque semper bene excutiebat, ut plumae nivium plumearum instar ultro citroque volitarent. Qua de causa iucundam vitam cum anu agebat, ignominias non accipiebat, cottidie elixa et assata edebat. Postquam aliquamdiu apud Mammam Nivalem vixit, tristitia quadam affecta est, cuius causam principio nesciebat. Denique sentivit se desiderio domus laborare. Ut hic multo melius se haberet quam domi, tamen desiderio patrii soli tenebatur. Postremo anui: »Desiderio domus affecta sum« inquit. »Ut quam optime me hic habeam, tamen diutius manere non possum, ad meos redire desidero.« Et Mamma Nivalis: »Gaudeo«, inquit, »te domum redire velle. Cum mihi ancilla fidissima fuisses, te ego ipsa sursum ducam.« Deinde manu eam ad magnam portam duxit. Porta patefacta est. Cum puella commodum sub ea staret, magna vis aquae aureae delapsa est. Aurum corpori eius adhaesit et eam plane contexit. »Hoc tibi dono do, quod tam sedula fuisti«, Mamma Nivalis dixit. Quae ei et tubulum dedit, qui in puteum inciderat. Tum porta obserata est puellaque sursum in terra erat haud procul ab domu matris. Cum aream intraret, gallus in puteale insidens cecinit:

»Ci-ce-ri-ci, ci-ce-ri-ca,
revenit virgo aurea.«

In domum intravit. Cum tota auro contecta revenisset, benigno vultu a noverca et a sorore ex ea suscepta excepta est.

Puella omnia, quae cognoverat, narravit. Cum mater audiret, quomodo in possessionem divitiarum venisset, alteri filiae deformi inertique eandem fortunam comparare voluit. Quam igitur ad puteum considere et nere iussit. Ut tubulus cruentus fieret, digitum acu pupugit manumque vepribus inseruit. Tum tubulum in puteum iniecit et ipsa in eum insiluit. Ut altera filia ad bellum pratum pervenit et in eadem via ire perrexit. Cum ad furnum perveniret, panis rursus clamavit: »Extrahe me, extrahe me, ne comburar – iam diu coctus sum.« Ignava autem respondit: »Nolo fuligine inquinari« et abiit. Mox ad malum pervenit, qui clamavit: »Quassa me, quate me, omnia mala mea matura sunt.« Haec autem: »Plane deliras!« respondit, »Fieri potest, ut unum eorum in caput mihi cadat.« Tum progressa est. Cum ad casam Mammae Nivalis perveniret, non timuit, quia de eius magnis dentibus certior iam facta erat. Statim operam suam ei locavit. Primo die non potuit quin seduliter laboraret. Dictis Mammae Nivalis obtemperavit, nam magnae copiae pecuniae memor erat, quae dono ei daretur. Secundo die iam ignaviae se dare coepit. Tertio die socordiae et inertiae magis etiam se tradidit. Mane etiam e lecto surgere recusavit. Neque ut decet lectum Mammae Nivalis stravit neque alacriter excussit, ut plumae circumvolitarent. Cum Mammam Nivalem fugae laboris pigeret, puellam missam fecit. Caro desidiosa contenta fuit, nam putabat pluviam auream mox deiectum iri. Mamma Nivalis et eam ad portam duxit. Cum autem sub ea staret, loco auri aënum picis effusum est. Tum Mamma Nivalis: »Meritum praemium laboris tui nunc accipis«, inquit portamque obseravit. Filia deses pice tecta domum revenit. Cum gallus in puteale insidens eam conspiceret, cecinit:

»Ci-ce-ri-ci, ci-ce-ri-ca,
revenit virgo picea.«

Pix autem cuti eius in perpetuum adhaerebat, numquam remittebat.

10 De vestificulo animoso apologus

Mane aestivo vestificulus in mensa sua ad fenestram posita sedebat. Qui bene affectus omnibus viribus atque opibus suebat. Rustica, quae viam descendebat, clamabat: »Bonum ius pomarium venale! Bonum ius pomarium venale!« Haec verba auribus percepta iucundissime sonabant. Vestificulus per fenestram perspexit et clamavit: »Sursum adscende, bona femina, hic mercem tuam vendere potes.« Tribus gradibus scalarum ascensis femina vestificum convenit gravi canistro onerata, e quo aliam post aliam ollas ante oculos viri prompsit. Qui omnes perlustravit, sursum sustulit, olfecit, hoc dixit: »Ius pomarium bonum esse videtur. Pensa mihi quattuor semuncias, bona femina. Ut quadrans sit, tamen non tanti est.« Femina, quae speraverat se plura vendere posse, optata ei dedit. Indignabunda atque morosa autem abiit. Sed vestificulus: »Deus ius pomarium benedicat«, inquit, »ut vim roboremque mihi tribuat.« His verbis panem ex armario deprompsit, in duas partes divisit, quarum unam iure perunxit. Tum: »Dulci sapore erit«, inquit, »priusquam autem frustum sumam, thoracem laneum perficiam.« Panem iuxta se posuit, suere perrexit, gaudio perfusus ictus magis magisque longos fecit. Interea odor iuris in parietem ascenderat, quod ingentem vim muscarum allexit, quae gregatim consederunt. »Quis vos invitavit?« vestificulus quaesivit convivasque non invocatos fugavit. Muscas autem, quae linguam Theodiscam non intellegebant, minime propulsare potuit. Quarum plures pluresque iterum atque iterum revenerunt. Vestificulo bilis commota est. E capsa pannum exprompsit, quo immisericors muscas ferivit. »Hoc vobis non impune abibit!« clamavit. Cum pannum relevaret muscasque recenseret, septem earum mortuas pedes sursum tendentes vidit. »Vir vere valens sum«, secum cogitavit fortitudinem suam admirans. »Tota urbs de hoc facinore forti ac memorabili certior fiat!« Vestificulus praepropere cingulum sibi confecit, quod acu verbis magnis litteris scriptis »Septem uno ictu« ornavit. – »Totane urbs? Nugas!«, secum dixit, »Totus orbis terrarum certior fiat!« Et cor eius gaudio vacillavit velut caudula oviculae.

Vestificus cingulum corpori circumligavit. Mundum peracturus officinam suam fortitudine sua indignam esse putatbat. Priusquam profectus est casam pervestigavit. Fortasse reperiret aliquid, quod secum ducere posset. Nihil autem repperit nisi caseum rancidum, quem in bursam condidit. Ante portam avem in dumo haerentem conspexit, quae in bursa servata caseo comitem se adiunxit. Tum pleno gradu iter perrexit. Cum levis et agilis esset, lassitudine se confici non sentiebat. Via acclivis erat. Cum ad summum montem pervenisset, ingentem gigantem ibi sedentem placideque circumspicientem oculis crevit. Quem vestificulus animo fidenti adiit hisque verbis allocutus est: »Salve, amice! Certe hic sedes ad vastum orbem terrarum contemplandum. Illuc iter facturus sum ad animosum me praestandum. Mene comitari vis?« Gigas vestificulum contemptim despexit et »Te hominem perditum! Te verberonem improbum!« inquit. – »Ain' tu!« vestificulus respondit, malleolos vestimenti aperuit, giganti cingulum monstravit. »Hic legere potes cuius farinae ego factus sum.« Gigas legit: »Septem uno solo ictu«. Quae verba gigantem in reverentiam inclinaverunt. Putavit vestificum septem homines cecidisse. Quem autem primum experiri et temptare voluit. Saxum dextra sumpsit et compressit, ut quinque aquae guttae ex eo exstillarent. Tum vestificulo: »Hac in re me imitare«, inquit, »si viribus vales.« – Et vestificulus: »Nihilne amplius?«, inquit. »Hoc perfacillimum!« Quo dicto manum in bursam inseruit, caseum mollem exprompsit, quem verbis »Credo hoc paululo melius fuisse« compressit, ut sucus efflueret. Lingua gigantem defecit. Quod viderat credere non potuit. Tum saxum sustulit sursumque iecit, ut oculis haud cerni posset et »Hac in re me imitare«, inquit, »anaticula ridicula!« – »Bene iactavisti«, vestificus dixit, »sed saxum sine ullo dubio in terram deciderit. Ego saxum iactabo, quod numquam reveniet.« Quo dicto manum in bursam inseruit, avem exprompsit, sursum iecit. Avis libertate sua laetans sublimem abiit, evolavit, non revenit. »Quid tibi de hoc videtur, amice?« vestificus gigantem interrogavit. Et ille: »Saxa iacere haud dubie potes« inquit, »nunc autem experiamur si et magnum pondus portare potes.« Vestificulum ad ingentem quercum caesam humi iacentem duxit et: »Si vere viribus vales«, inquit, »iuva me ad arborem e silva efferendam.« – »Libenti animo te iuvabo«, homuncio respondit. »Tu truncum umeris portabis, ego ramos et frondes portabo, quod difficilius est.« Gigas truncum in umeros extulit, vestificus in ramo consedit. Giganti, qui respicere non poterat, totius arboris vestificulique pondus portandum erat. In extrema arbore sedens vestificus bene affectus et hilariter cantiunculam »Vestifici equo evecti sunt tres« sibilando exprimebat, quasi arborem portare res facillima esset. Postquam gigas sarcinam gravem aliquantum viae traxit, iter pergere noniam potuit. Qui vestifico: »Audi, arbor mihi deicienda est.« Vestificus agiliter desiluit, ambabus manibus arborem prehendit quasi eam portavisset, giganti dixit: »Tu eximiae magnitudinis. Tamen ne arborem quidem portare potes.«

Iter una perrexerunt. Cum cerasum praeterirent, gigas cacumen arboris, quod fructibus maturissimis onustum erat, manibus prehendit, deorsum flexit, manui vestificuli tradidit, homuncionem fructus comedere iussit. Vestificulus autem nimis imbecillus erat ad arborem manu retinendam. Cum gigas cacumen intentum e manibus dimitteret, arbor una cum vestifico sublime rapta est. Et gigas, postquam ille salvus decidit: »Erubesce«, inquit, »tibine non satis vis ad tenuem virgam retenendam?« – »Vi minime careo«, vestificulus inquit. »An putas tu re vera virum, qui septem uno solo ictu cecidit, hoc non posse? Arborem transilui, quod venatores ibi sunt, qui globos igniferos in dumeta mittunt. Saltu me sequere, si vales.« Gigas periculum arborem transiliendi fecit, sed arborem transilire non potuit. In ramis haesit. Itaque et hac in re vestificulus praevaluit.

Gigas vestificulo: »Si tam animosus es«, inquit, »i mecum in speluncam nostram et pernocta apud nos.« Vestificulus consensit gigantemque secutus est. Cum ad speluncam pervenirent, complures gigantes ad ignem sedere vidit, quorum quisque ovem assatam in manu tenebat et comedebat. Vestificulus circumspexit et secum cogitavit: Spelunca multo spatiosior quam officina mea est. Gigas lectum ei assignavit. Vestificulum in illo se imponere quieteque satiari iussit. Lectus erat eximiae magnitudinis staturaeque brevitati vestificuli haud aptus, qua de re non se in eo imposuit sed in angulum se abdidit. Cum media nocte gigas opinaretur vestificulum somno sepultum esse, e lecto surrexit, perticam ferream prehendit, lectum uno ictu perfregit putans se nanum e medio sustulisse. Multo mane gigantes vestificuli plane immemores silvam appetiverunt. Subito apparuit hilariter et audacter badissans. Gigantes cohorruerunt. Timuerunt, ne eos omnes effligeret et praecipites aufugerunt.

Vestificulus semper in directum ire perrexit. Postquam diu commeavit, ad aulam domus regiae pervenit. Cum fatigatus esset, in herba recubuit et obdormivit. Dum in ea iacet, homines venerunt, undique eum lustraverunt, verba cingulo incisa »Septem uno solo ictu« legebant. »Quid«, inquiunt, »vir ille bello clarus in pace hic agit? Dominus multipotens esse videtur.« Regi rem nuntiatum ierunt. Vestificum in bello virum utilem magnique ponderis esse arbitrabantur, qui a proficiscendo per aequa et iniqua prohibendus erat. Regi consilium gratissimum erat. Qui aulicum vestificulum adire iussit, ut e somno surrecto persuaderet, ut pro regno militiam faceret. Legatus exspectavit, ut dormitor oculos aperiret. Tum rogationem protulit. »Ea ipsa de causa huc veni«, vestificus respondit, »paratus sum ad partes regis sequendas.« Honorifice excepto domicilium singulare assignatum est.

Milites autem, qui vestificulum timebant, voluissent eum mille milia passuum remotum esse. »Quid fiat de nobis?« inter se dicebant. »Si in certamen cum eo descendemus, uno solo ictu septem nostrum prosternet. Nos eum minime aequamus.« Igitur ad unum omnes decreverunt regem adire et petere ab eo, ut militia eos solveret. »Nos non sumus huius farinae, ut viro conferre nos possimus, qui septem uno ictu caedere possit.« Regi molestum erat, quod propter unum virum omnes pedisequos perderet. Voluisset oculos suos eum, quem libentissimo animo absolveret, numquam vidisse. Cui autem missionem dare non ausus est, quod timebat ne ille regnum appetens eum ipsum totumque populum occideret. Diu deliberavit, denique bonum consilium in mentem ei venit. Legatum ad vestificulum misit ad hanc condicionem ei, viro in bello tam fortissimo, ferendam: In silva regni eius duo gigantes habitabant, qui raptando, caedendo, omnia ferro ignique vastando magnam calamitatem inferebant. Qui ad eos propius accedebat, capitis periculum adibat. Si duo monstra vinceret et necaret, filiam unicam ei nuptum dimidiumque regni in dotem daret. Praeterea centum equites eum comitarentur et a gigantibus defenderent. »Hoc virum meae farinae decet«, vestificulus secum cogitabat, »regis filia regnique dimidium perquam raro dono offeruntur.« Tum regi: »Fiat!«, inquit, »gigantes domabo nec centum equitibus mihi opus est – nihil est, quod extimescat, qui septem uno solo ictu caedit.«

Vestificulus cum centum equitibus profectus est. Cum ad marginem silvae perveniret, comitibus dixit: »Remanete hic, rem gigantum solus expediam.« Quo dicto citato gradu huc et illuc circumspectans in silvam penetravit. Brevi post ambos gigantes conspexit – sub arbore iacebant et toto pectore somnum proflabant, ut rami curvarentur. Vestificulus sine mora bursam silicibus implevit et arborem ascendit. Media in arbore ramum recta supra capita dormientium rependo appetivit silicesque alium post alium in pectus unius gigantis deiecit. Diu gigas nihil sensit, sed demum expergefactus est, sodalem ferivit, dixit: »Quare me pellis?« – Et alter: »Deliras! Minime te pello.« Denuo somnum ceperunt. Vestificus lapidem in alterum deiecit. Qui indignatus: »Quid hoc sibi vult?«, clamavit, »Cur silices in me conicis?« – Et ille iratus: »Minime conicio!« Aliquamdiu litigaverunt. Cum autem fatigati essent, rixam desierunt et denuo somnum ceperunt. Quos vestificulus autem de integro lusit. Silicem maximum elegit, quem primo giganti summa vi in pectus iactavit. Qui nunc »modum excessisti!«, clamavit, quasi mente captus prosiluit, socium arbori ingenti impetu impegit, ut illa vacillaret. Alter par pari rettulit. Tantopere furore incensi sunt, ut arbores evellerent, alter alterum verberibus caederet, tamdiu dum demum ambo mortui prociderunt. Nunc vestificulus de arbore desiluit. Qui: »Forte fortuna arborem, in quo insidebam, non eradicaverunt«, inquit. »Si eam eradicavissent, sciuri more in aliam mihi insiliendum fuisset.« Tum gladium destrinxit, pectori utriuslibet nonnullas plagas graves inflixit, equites adiit, haec dixit: »Labor actus est. Utrumque e medio sustuli. Acriter autem pugnatum est. Necessitate coacti gigantes arbores evellerunt et vim vi propulsaverunt, sed frustra laborat, qui viro meae farinae, qui septem uno solo ictu caedo, obstat.« – »Tu non vulneratus es?« equites e vestifico quaesiverunt. Et ille: »Omnia bene evenerunt. Ne digito quidem me attigerunt.« Viri, qui fidem ei non habebant, in silvam equo invecti sunt. Viderunt gigantes cruore respersos et arbores evulsas circum iacentes.

Vestificulus exegit, ut praemio a rege promisso afficeretur. Quem autem promissi paenituit et de integro deliberavit quomodo heroem a se amoliri posset. »Priusquam tibi filiam meam nuptum dimidiumque regni dabo, tibi iterum facinus forte ac memorabile gerendum erit. In silva equus unicornis vagatur, qui magnum damnum mihi infert. Qui tibi prius capiendus.« – Et vestificulus: »Monocerotem«, inquit, »multo minus quidem timeo quam duos gigantes.

Septem uno solo ictu, hoc meum est.« – Securim et funem secum ferens, silvam appetivit, equites eum comitantes extra remanere iussit. Mora ab unicornu non facta est. Iam brevi accucurrit et in vestificum invasit quasi missis ambagibus eum cornu configere cogitaret. Sed vestificus: »Festina lente«, inquit, »ne praecipitaveris.« Constitit et impetum imminentem monocerotis excepit. Tum agiliter post arborem cucurrit. Equus unicornis in arborem irruit cornumque tanta vi in truncum terebravit, ut ad id educendum vires eum deficerent. »Nunc avicula capta est« vestificus dixit, e postica parte arboris provenit, faucibus monocerotis funem circumligavit. Tum securi cornum ex arbore excidit. Omnibus actis et perfectis bestiam abduxit et regi mandavit.

Rex praemium promissum etiamnunc tribuere noluit et ab eo exegit, ut tertiam rem magnam gereret. Venatoribus adiuvantibus ante matrimonium aper ei captandus erat, qui magnum damnum in silva faciebat. Et vestificus: »Libenti animo«, inquit, »hoc perfacillimum est.« Venatores non secum in silvam duxit, quod eis placebat, nam aper eos iam saepius ita usserat, ut ex eo venando minime voluptatem exciperent. Cum aper vestificum conspiceret, summo furore abreptus atque dentibus restrictis ad eum accurrit, ut eum humi prosterneret. Heros autem aufugit et in oratorium, quod prope erat, incurrit et uno saltu e fenestra foras prosiluit. Porcus eum secutus erat. Qui autem foris circumsiluit foremque a tergo eius violenter clausit. Bestia capta vasto corpore et nimis gravis erat, ut e fenestra exsilire posset. Vestificulus venatores arcessivit, ut captivum suis ipsis oculis viderent. Heros autem regem convenit, cui nolenti volenti nunc promissum servandum erat et qui ei filiam et dimidium regni tradidit. Si scivisset virum non heroëm sed vestificulum esse, aversiore quidem animo ab eo fuisset. Rebus ita stantibus sollemnia nuptiarum magna cum magnificentia paucaque laetitia celebrata sunt. Vestificulus rex factus est.

Intermisso spatio adulescens regia nocte maritum per somnium haec loquentem audivit: »Age, puer, thoracem laneum texe bracasque sarci, aliter ulna tractim te tangam.« Cognovit, qua »nobili« genere iuvenis ortus esset. Mane postridie apud patrem questa est. Quem rogavit, ut eam a viro liberaret, qui nihil aliud nisi vestificus erat. Rex eam his verbis consolavit: »Nocte proxima dormitorium tuum noli obserare. Servi mei ante portam erunt. Qui in cubile intrabunt, somno sepultum vincient, in navem altum appetituram imponent.« Quod a femina comprobatum est. Sed regis armiger, qui omnia audiverat, iuveni favebat et fraudem cogitatam ei detulit. »Insidias reprimam«, vestificulus dixit. Vesperi tempore usitato cum marita cubitum iit. Quae, cum putaret eum obdormivisse, exsurrexit, fores aperuit, lectum repetivit. Vestificulus, qui se somno sepultum esse simulabat, clara voce clamare coepit: »Age, puer, thoracem laneum texe bracasque sarci, aliter ulna tractim te tangam. Septem uno solo ictu cecidi, duos gigantes necavi, equum unicornem abduxi, aprum cepi: Curnam terrarum istos ante portam stantes timeam!?« Cum armigeri verba vestifici audirent, magno metu affecti sunt. Aufugerunt quasi exercitus saevissimus eos persequeretur neque quisquam ei iniuriam inferre audebat. Itaque vestificulus per totam vitam rex erat et manebat.

11 De Rumpelstiltulo apologus

Olim molinarius vivebat. Qui pauper erat, sed pulchram filiam habebat. Quondam factum est, ut se in sermonem regis dederit. Ad auctoritatem sibi comparandam: »Mihi«, inquit, »filia est, quae ex stramento aurum nere potest.« Cui rex: »Haec mihi gratissima est ars. Si filia tua huius rei tam perita est ut dicis, adduc eam in regiam meam, ut experiri et temptare eam possim.« Cum puella ad regiam adveniret, in cellam stramento completam eam duxit, rhombum et suculam ei dedit, hoc dixit: »Nunc ad opus aggredere. Nisi usque ad mane e hoc stramento aurum neveris, morte multaberis.« Quo dicto ipse cellam clausit puellaque sola remansit.

Miseranda molitoris filia nunc in cella sedebat in vitae periculum adducta. Plane nesciebat quomodo e stramento aurum fieret. Timor eius in dies magis magisque crescebat. Flere coepit. Eo ipso puncto temporis porta patefacta est. Homullus intravit et dixit: »Salve, molitoris filia, curnam tantopere lacrimas?« – Et puella: »Eheu, mihi aurum e stramento nendum est, cuius artis autem ego plane inscia sum.« Cui homuncio: »Quid mihi dabis, si ego aurum tibi nebo?« – »Monile meum«, puella inquit. Homuncio ante rhombum assedit et puncto temporis tubulus plenus erat. Deinde alium rhombo infixit et puncto temporis et secundus plenus erat. Ita perrexit et primo mane omne stramentum netum erat et omnes tubuli auri pleni erant. Sole oriente rex venit. Cum aurum conspiceret, stupuit et gavisus est, sed cor eius auri sacra fame premebatur. Molitoris filiam in aliam multo maiorem cellam stramento impletam duci iussit. Quod ipsum quoque una nocte nere ei imperavit nisi vitae pertaesa esset. Puella rem expedire nesciebat et flebat, cum porta patefacta est et homuncio iterum apparuit et dixit: »Quid mihi dabis, si ego aurum tibi nebo?« – »Anulum, quem in digito habeo«, puella respondit. Homuncio anulum sumpsit, rhombo laborare iterum coepit, primo mane ex omni stramento aurum nitens neverat. Rex, cum aurum conspiceret, praeter modum gavisus est, sed auri sacra fame pressus molitoris filiam in aliam multo quidem maiorem cellam stramento impletam duci iussit et: »Et e hoc strumento tibi hac nocte aurum faciendumst. Si tibi continget, in matrimonium te collocabo.« – Ut haec sit molitoris filia, secum cogitavit, tamen divitiorem quam eam toto in orbe terrarum non inveniam. Cum puella sola esset, homuncio tertium venit et dixit: »Quid mihi dabis, si et nunc quidem stramentum nebo?« – »Nil amplius habeo quod tibi dare possem«, puella respondit. »Sponde mihi, cum regina facta eris, infantem tuum primum genitum.« Et molitoris filia: »In posterum prospicere nequeo.« Necessitate coacta aliam viam salutis non invenit. Homullo omnia, quae ab ea postulabat, factum iri promisit. Qua re et tertium e stramento aurum nevit. Cum mane rex veniret et omnia cum magna sua voluptate facta videret, uxorem eam duxit, et bella molitoris filia regina facta est.

Anno post pulchrum infantem peperit. Homuncionis noniam recordabatur, cum subito in cubiculum eius intravit et dixit: »Nunc mihi da quod promisisti.« Regina cohoruit. Homuncioni omnes opes regni promisit nisi infantem ei auferret. Cui autem homullus: »Immo non!« inquit. »Animans mihi gratior omnibus divitiis huius mundi est.« Cum hoc audiret, regina tantopere lamentari et flere coepit, ut homuncionem eius misereret. »Si tribus diebus nomen meum sciveris,« inquit, »infantem tibi tecum habere licebit.«

Regina totam per noctem omnia nomina, quae usquam audiverat, recordata est nuntiumque per regnum misit, ut late longeque percontaretur, quae alia nomina invenirentur. Cum proximo mane homullus veniret, Casparum, Melchiorem, Balthasarem et cetera nomina, quae sciebat, per ordinem numeravit. Homuncio autem semper respondit: »Ita minime vocor.« Altero die nuntium ubique in vicinia homines quaerere et percontari iussit, quae nomina haberent. Homuncioni insolitissima mirissimaque nomina dixit: »Tibine fortasse nomen Costabestia, Vervicisura, Pesconsertus?« Sed semper respondit: »Ita minime vocor.« Tertio die nuntius revenit et dixit: »Nullum nomen recens inveni. Cum autem monti alto appropinquarem et viam silvaticam flecterem, in loco remotissimo casellam conspexi, ante quam ignis tremula flamma ardebat, et quam homunculus catagelasimus uno pede circumsiluebat et clamabat:

›Hodie coquam, cras coquam,
perendie reginae infantem arcessam.
Rumpelstiltus nomen mi,
sed hoc notumst nemini.‹«

Cum nomen articulatum audiret, regina gavisa est, quod facile intellectu. Homullus paulo post intravit et »Age, regina, quid est nomen mihi?« inquit. Quae primum: »Tibine nomen Cuntius?« – »Non ita.« – »Henriculusne appellaris?« – »Nihil sane.«

»Tene forsitan Rumpelstiltulum vocant?«

»Hoc diabolus tibi dixit«, homullus exclamavit et pede dextro ira ardens tanta vi terram perfodit, ut usque ad coxam in ea inhaereret. Tum furore incensus pedem sinistrum ambobus manibus corripuit seque ipse in duas partes scidit.

12 De Bremae civitatis musicis apologus

Vir asinum habebat, qui iam multos per annos impigre saccos ad molas portaverat cuiusque nunc autem vires decrescebant, quo factum est ut ad opus faciendum magis magisque inutilis fieret. Dominus secum de eo caedendo deliberabat. Asinus autem praesensit se in discrimine periclitari. Quare aufugit iterque Bremam convertit. Ibi, ut secum cogitabat, musicus urbanus fieri potesset. Postquam paulisper iit, canem venaticum in via iacentem invenit. Qui anhelabat quasi usque ad defatigationem cucurrisset. E quo »Curnam, dic, tantopere anhelas, Mordacule?« asinus quaesivit. Et canis: »Eheu!«, inquit. »Dominus me caesurus erat, quod senectute confectus diem ex die debilior fio adque venandum noniam utilem sum. Re ita stante in spatium fugi. Quid autem nunc faciam ad me sustentandum?« – Cui asinus: »Scio quod facies«, inquit: »Ego Bremam eo ubi musicus urbanus fiam. Vade mecum et item ad rem musicam accede. Ego lyra canam, tu tympanum pulsabis.« Quod cani opportune accidit. Tum longius processerunt. Haud ita multo post felem convenerunt in limine sedentem, qui frontem contrahebat. Cui asinus: »Qua de causa«, inquit, »tam male affectus es, Barbuliger?« Et felis: »Tune hilaris es, si faucibus premeris? Mea domina in aquam me mergere voluit, quod annosus sum, quod dentes mei hebescunt, quod ad fornacem sedere placideque fremere mihi gratius est quam mures venari. Ad tempus quidem me proripui, sed tamen omnia consilia frigent: Quo me vertam?« – »Nobiscum Bremam i. Musicam nocturnam faciendi peritus es. Musicus urbanus fieri poteris.« Quod felis maxime probavit et una cum eis profectus est. Profugi tres deinde fundum praeteribant, cuius in porta gallus domesticus sedebat qui omnibus nervis canebat. Cui asinus: »Clamores tui mihi ossa percutiunt«, inquit, »quid in animo habes?« – »Sudum presagivi«, gallus inquit, »quod dies est Beatae Mariae virginis, quo Christuli infantis subuculas lavavit et in sole siccavit. Cum autem crastino die solis convivae ad cenam vocati veniant, domina immiserabilis coquae dixit me in iure coctum esum hodieque caput meum praecisum iri. Qua de causa nunc altum clamorem tollo quoad potero.« – Sed asinus: »Minime vero, Rubricapitule«, inquit, »potius i nobiscum, qui Bremam imus. Morte meliora ubique invenis. Tibi bellissima vox. Concentus sonorum suprema lex.« Quod consilium gallo placuit itaque omnes una profecti sunt.

Brema civitas autem uno die capi non poterat. Vespere ad silvam pervenerunt, ubi pernoctare cogitabant. Asinus et canis sub magnam arborem procubuerunt, felis et gallus ramos appetiverunt, quorum gallus summum elegit, quod locorum omnium tutissimus erat. Priusquam obdormivit quoquoversus circumspiciebat. Putabat se procul scintillulam ardentem oculis cernere. Amicis dixit, ut e luce effici posset, ut prope casa esset. Et asinus: »Proficiscamur et ad casam adeamus«, inquit, »hic enim malo hospitio recipimur.« Canis putabat se e nonnullis ossibus et mica carnis fructum capere posse. Igitur iter eo converterunt, ubi lux lucebat, quam magis magisque clarius micantem videbant et quae magis magisque crescebat, dum ad casam praedonum clare illuminatam pervenerunt. Asinus, qui maxima statura erat, fenestrae appropinquavit et introspectavit. »Quid vides, Eque cane?« gallus ex eo quaesivit. »Quid video?« asinus respondit. »Mensam bonis epulis exstructam praedonesque largiter se invitantes, qui eam circumsedent.« – »Quibus et nos delectaremur«, gallus inquit. Et asinus: »Ita est ut dicis. Utinam iam in casa inessemus!« Bestiae deliberaverunt quae facienda essent ad praedones expellendos. Denique sciverunt quomodo difficultas amovenda esset. Asinus pedes priores in fenestra posuit, canis in tergum asini insiluit, felis in canem scandit, postremo gallus sursum volavit felisque in capite consedit. Signo ad musicam faciendam dato una cantum inceperunt: Asinus clamabat, canis latrabat, felis iterum iterumque »miau« faciebat, gallus ci-cri-ci canebat. Tum per fenestram in conclave irruerunt, ut quadra vitrea creparent. Clamore horrido terrore percussi praedones, qui putabant larvam introvenisse, in silvam aufugerunt. Nunc quattuor sodales ad mensam assederunt cenae reliquiis contenti. Ederunt quasi quattuor hebdomades fame laborare deberent.

Epulis vespertinis finitis symphoniaci lucem exstinxerunt dormitoriumque ingenio et indoli cuiuscumque conveniens quaesiverunt. Asinus in sterculino recubuit, canis post ianuam assedit, felis in foco prope cinerem calidam, gallus in scalis gallinaceis. Cum iter longum eos defatigavisset, cito obdormiverunt. Cum media nox praeterisset praedonesque procul viderent omnes luces in casa exstinctas omniaque tranquilla esse, archipraedo dixit: »Curnam clamores pertimuimus?« Praedonem ad casam adire eamque inspicere iussit. Cum legato omnia tranquilla viderentur, ad lucem accendendam in culinam intravit. Cum felis oculos igneo colore flagrantes carbones viventes esse arbitraretur, ramentum sulphuratum ad eos admovit, ut scintillas exciperet. Felis autem iocum in seria vertit, in faciem eius insiluit, exspuit, unguibus eum laceravit. Terror ei incidit, per posticum aufugere voluit. Sed canis, qui ibi iacebat, prosiluit et morsu pedem eius laesit. Cum per aulam praeter stercus transcurreret, asinus pede posteriore eum percussit. Gallus autem clamoribus e somno excitatus de scalis gallinaceis clamavit: »Ci-ci-ri-ci!« Praedator quam celerrime ad ducem suum recucurrit et »Eheu, in casa venefica horribilis est, quae me afflavit suisque longis unguibus faciem laceravit; et ante portam vir cultro armatus stat, quo pedem meum pupugit; et in aula monstrum nigrum iacet, quod clava lignea in me invasit; et in tecto iudex sedet, qui ›Affer hunc mi!‹ vociferatus est. Qua de causa citissime me abripui.« Abhinc praedones in casam intrare noniam audebant. Bremae civitatis symphoniaci autem tam bene in ea se habebant, ut in aeternum in ea manere vellent. Narratori huius fabulae animo incitato loquendo lingua etiamnunc in ore urit.

Anhang

Zu dieser Ausgabe

Der lateinischen Übersetzung liegt der auch im folgenden abgedruckte Text der Ausgabe letzter Hand der *Kinder- und Hausmärchen* der Brüder Grimm zugrunde. Der komplette Bestand aller Märchen der Brüder Grimm findet sich in:

> Brüder Grimm: Kinder- und Hausmärchen. Ausgabe letzter Hand. Mit einem Anhang sämtlicher, nicht in allen Auflagen veröffentlichter Märchen. Hrsg. von H. Rölleke. Stuttgart 2009.

An einigen wenigen Stellen hat sich der Übersetzer um eines schöneren Lateins willen für eine etwas freiere Übertragung entschieden.

1 Aschenputtel

Einem reichen Manne dem wurde seine Frau krank, und als sie fühlte dass ihr Ende heran kam, rief sie ihr einziges Töchterlein zu sich ans Bett und sprach »liebes Kind, bleib fromm und gut, so wird dir der liebe Gott immer beistehen, und ich will vom Himmel auf dich herabblicken, und will um dich sein.« Darauf tat sie die Augen zu und verschied. Das Mädchen gieng jeden Tag hinaus zu dem Grabe der Mutter und weinte, und blieb fromm und gut. Als der Winter kam, deckte der Schnee ein weißes Tüchlein auf das Grab, und als die Sonne im Frühjahr es wieder herabgezogen hatte, nahm sich der Mann eine andere Frau.

Die Frau hatte zwei Töchter mit ins Haus gebracht, die schön und weiß von Angesicht waren, aber garstig und schwarz von Herzen. Da gieng eine schlimme Zeit für das arme Stiefkind an. »Soll die dumme Gans bei uns in der Stube sitzen!« sprachen sie, »wer Brot essen will, muss es verdienen: hinaus mit der Küchenmagd.« Sie nahmen ihm seine schönen Kleider weg, zogen ihm einen grauen alten Kittel an, und gaben ihm hölzerne Schuhe. »Seht einmal die stolze Prinzessin, wie sie geputzt ist!« riefen sie, lachten und führten es in die Küche. Da musste es von Morgen bis Abend schwere Arbeit tun, früh vor Tag aufstehn, Wasser tragen, Feuer anmachen, kochen und waschen. Obendrein taten ihm die Schwestern alles ersinnliche Herzeleid an, verspotteten es und schütteten ihm die Erbsen und Linsen in die Asche, so dass es sitzen und sie wieder auslesen musste. Abends, wenn es sich müde gearbeitet hatte, kam es in kein Bett, sondern musste sich neben den Herd in die Asche legen. Und weil es darum immer staubig und schmutzig aussah, nannten sie es *Aschenputtel*.

Es trug sich zu, dass der Vater einmal in die Messe ziehen wollte, da fragte er die beiden Stieftöchter was er ihnen mitbringen sollte. »Schöne Kleider« sagte die eine, »Perlen und Edelsteine« die zweite. »Aber du, Aschenputtel«, sprach er, »was willst du haben?« »Vater, das erste Reis, das euch auf eurem Heimweg an den Hut stößt, das brecht für mich ab.« Er kaufte nun für die beiden Stiefschwestern schöne Kleider, Perlen und Edelsteine, und auf dem Rückweg, als er durch einen grünen Busch ritt, streifte ihn ein Haselreis und stieß ihm den Hut ab. Da brach er das Reis ab und nahm es mit. Als er nach Haus kam, gab er den Stieftöchtern was sie sich gewünscht hatten, und dem Aschenputtel gab er das Reis von dem Haselbusch. Aschenputtel dankte ihm, gieng zu seiner Mutter Grab und pflanzte das Reis darauf, und weinte so sehr, dass die Tränen darauf niederfielen und es begossen. Es wuchs aber, und ward ein schöner Baum. Aschenputtel gieng alle Tage dreimal darunter, weinte und betete, und allemal kam ein weißes Vöglein auf den Baum, und wenn es einen Wunsch aussprach, so warf ihm das Vöglein herab was es sich gewünscht hatte.

Es begab sich aber, dass der König ein Fest anstellte, das drei Tage dauern sollte, und wozu alle schönen Jungfrauen im Lande eingeladen wurden, damit sich sein Sohn eine Braut aussuchen möchte. Die zwei Stiefschwestern als sie hörten dass sie auch dabei erscheinen sollten, waren guter Dinge, riefen Aschenputtel, und sprachen »kämm uns die Haare, bürste uns die Schuhe und mache uns die Schnallen fest, wir gehen zur Hochzeit auf des Königs Schloss.« Aschenputtel gehorchte, weinte aber, weil es auch gern zum Tanz mitgegangen wäre, und bat die Stiefmutter sie möchte es ihm erlauben. »Du Aschenputtel«, sprach sie, »bist voll Staub und Schmutz und willst zur Hochzeit? du hast keine Kleider und Schuhe, und willst tanzen!« Als es aber mit Bitten anhielt, sprach sie endlich »da habe ich dir eine Schüssel Linsen in die Asche geschüttet, wenn du die Linsen in zwei Stunden wieder ausgelesen hast, so sollst du mitgehen.« Das Mädchen gieng durch die Hintertüre nach dem Garten und rief »ihr zahmen Täubchen, ihr Turteltäubchen, all ihr Vöglein unter dem Himmel, kommt und helft mir lesen,

die guten ins Töpfchen,
die schlechten ins Kröpfchen.«

Da kamen zum Küchenfenster zwei weiße Täubchen herein, und danach die Turteltäubchen, und endlich schwirrten und schwärmten alle Vöglein unter dem Himmel herein, und ließen sich um die Asche nieder. Und die Täubchen nickten mit den Köpfchen und fingen an pick, pick, pick, pick, und da fiengen die übrigen auch an pick, pick, pick, pick, und lasen alle guten Körnlein in die Schüssel. Kaum war eine Stunde herum, so waren sie schon fertig und flogen alle wieder hinaus. Da brachte das Mädchen die Schüssel der Stiefmutter, freute sich und glaubte es dürfte nun mit auf die Hochzeit gehen. Aber sie sprach »nein, Aschenputtel, du hast keine Kleider, und kannst nicht tanzen: du wirst nur ausgelacht.« Als es nun weinte, sprach sie »wenn du mir zwei Schüsseln voll Linsen in einer Stunde aus der Asche rein lesen kannst, so sollst du mitgehen«, und dachte »das kann es ja nimmermehr.« Als sie die zwei Schüsseln Linsen in die Asche geschüttet hatte, gieng das Mädchen durch die Hintertüre nach dem Garten und rief »ihr zahmen Täubchen, ihr Turteltäubchen, all ihr Vöglein unter dem Himmel, kommt und helft mir lesen,

die guten ins Töpfchen,
die schlechten ins Kröpfchen.«

Da kamen zum Küchenfenster zwei weiße Täubchen herein und danach die Turteltäubchen, und endlich schwirrten und schwärmten alle Vöglein unter dem Himmel herein, und ließen sich um die Asche nieder. Und die Täubchen nickten mit ihren Köpfchen und fiengen an pick, pick, pick, pick, und da fiengen die übrigen auch an pick, pick, pick, pick, und lasen alle guten Körner in die Schüsseln. Und eh eine halbe Stunde herum war, waren sie schon fertig, und flogen alle wieder hinaus. Da trug das Mädchen die Schüsseln zu der Stiefmutter, freute sich und glaubte nun dürfte es mit auf die Hochzeit gehen. Aber sie sprach »es hilft dir alles nichts: du kommst nicht mit, denn du hast keine Kleider und kannst nicht tanzen; wir müssten uns deiner schämen.« Darauf kehrte sie ihm den Rücken zu und eilte mit ihren zwei stolzen Töchtern fort.

Als nun niemand mehr daheim war, gieng Aschenputtel zu seiner Mutter Grab unter den Haselbaum und rief

»Bäumchen, rüttel dich und schüttel dich
wirf Gold und Silber über mich.«

Da warf ihm der Vogel ein golden und silbern Kleid herunter, und mit Seide und Silber ausgestickte Pantoffeln. In aller Eile zog es das Kleid an und gieng zur Hochzeit. Seine Schwestern aber und die Stiefmutter kannten es nicht, und meinten es müsste eine fremde Königstochter sein, so schön sah es in dem goldenen Kleide aus. An Aschenputtel dachten sie gar nicht und dachten es säße daheim im Schmutz und suchte die Linsen aus der Asche. Der Königssohn kam ihm entgegen, nahm es bei der Hand und tanzte mit ihm. Er wollte auch mit sonst niemand tanzen, also dass er ihm die Hand nicht los ließ, und wenn ein anderer kam, es aufzufordern, sprach er »das ist meine Tänzerin.«

Es tanzte bis es Abend war, da wollte es nach Haus gehen. Der Königssohn aber sprach »ich gehe mit und begleite dich«, denn er wollte sehen, wem das schöne Mädchen angehörte. Sie entwischte ihm aber und sprang in das Taubenhaus. Nun wartete der Königssohn bis der Vater kam und sagte ihm das fremde Mädchen wär' in das Taubenhaus gesprungen. Der Alte dachte »sollte es Aschenputtel sein«, und sie mussten ihm Axt und Hacken bringen, damit er das Taubenhaus entzwei schlagen konnte: aber es war niemand darin. Und als sie ins Haus kamen, lag Aschenputtel in seinen schmutzigen Kleidern in der Asche, und ein trübes Öllämpchen brannte im Schornstein; denn Aschenputtel war geschwind aus dem Taubenhaus hinten herab gesprungen, und war zu dem Haselbäumchen gelaufen: da hatte es die schönen Kleider abgezogen und aufs Grab gelegt, und der Vogel hatte sie wieder weggenommen, und dann hatte es sich in seinem grauen Kittelchen in die Küche zur Asche gesetzt.

Am andern Tag, als das Fest von neuem anhub, und die Eltern und Stiefschwestern wieder fort waren, gieng Aschenputtel zu dem Haselbaum und sprach

»Bäumchen, rüttel dich und schüttel dich,
wirf Gold und Silber über mich.«

Da warf der Vogel ein noch viel stolzeres Kleid herab, als am vorigen Tag. Und als es mit diesem Kleide auf der Hochzeit erschien, erstaunte jedermann über seine Schönheit. Der Königssohn aber hatte gewartet bis es kam, nahm es gleich bei der Hand und tanzte nur allein mit ihm. Wenn die andern kamen und es aufforderten, sprach er »das ist meine Tänzerin.« Als es nun Abend war, wollte es fort, und der Königssohn gieng ihm nach und wollte sehen in welches Haus es gieng: aber es sprang ihm fort und in den Garten hinter dem Haus. Darin stand ein schöner großer Baum an dem die herrlichsten Birnen hiengen, es kletterte so behend wie ein Eichhörnchen zwischen die Äste, und der Königssohn wusste nicht wo es hingekommen war. Er wartete aber bis der Vater kam und sprach zu ihm »das fremde Mädchen ist mir entwischt, und ich glaube es ist auf den Birnbaum gesprungen.« Der Vater dachte »sollte es Aschenputtel sein«, ließ sich die Axt holen und hieb den Baum um, aber es war niemand darauf. Und als sie in die Küche kamen, lag Aschenputtel da in der Asche, wie sonst auch, denn es war auf der andern Seite vom Baum herabgesprungen, hatte dem Vogel auf dem Haselbäumchen die schönen Kleider wieder gebracht und sein graues Kittelchen angezogen.

Am dritten Tag, als die Eltern und Schwestern fort waren, gieng Aschenputtel wieder zu seiner Mutter Grab und sprach zu dem Bäumchen

»Bäumchen, rüttel dich und schüttel dich,
wirf Gold und Silber über mich.«

Nun warf ihm der Vogel ein Kleid herab, das war so prächtig und glänzend wie es noch keins gehabt hatte, und die Pantoffeln waren ganz golden. Als es in dem Kleid zu der Hochzeit kam, wussten sie alle nicht was sie vor Verwunderung sagen sollten. Der Königssohn tanzte ganz allein mit ihm, und wenn es einer aufforderte, sprach er »das ist meine Tänzerin.«

Als es nun Abend war, wollte Aschenputtel fort, und der Königssohn wollte es begleiten, aber es entsprang ihm so geschwind dass er nicht folgen konnte. Der Königssohn hatte aber eine List gebraucht, und hatte die ganze Treppe mit Pech bestreichen lassen: da war, als es hinabsprang, der linke Pantoffel des Mädchens hängen geblieben. Der Königssohn hob ihn auf, und er war klein und zierlich und ganz golden. Am nächsten Morgen gieng er damit zu dem Mann, und sagte zu ihm »keine andere soll meine Gemahlin werden als die, an deren Fuß dieser goldene Schuh passt.« Da freuten sich die beiden Schwestern, denn sie hatten schöne Füße. Die Älteste gieng mit dem Schuh in die Kammer und wollte ihn anprobieren, und die Mutter stand dabei. Aber sie konnte mit der großen Zehe nicht hineinkommen, und der Schuh war ihr zu klein, da reichte ihr die Mutter ein Messer und sprach »hau die Zehe ab: wann du Königin bist, so brauchst du nicht mehr zu Fuß zu gehen.« Das Mädchen hieb die Zehe ab, zwängte den Fuß in den Schuh, verbiss den Schmerz und gieng heraus zum Königssohn. Da nahm er sie als seine Braut aufs Pferd, und ritt mit ihr fort. Sie mussten aber an dem Grabe vorbei, da saßen die zwei Täubchen auf dem Haselbäumchen, und riefen

»rucke di guck, rucke di guck,
Blut ist im Schuck (Schuh):
der Schuck ist zu klein,
die rechte Braut sitzt noch daheim.«

Da blickte er auf ihren Fuß und sah wie das Blut herausquoll. Er wendete sein Pferd um, brachte die falsche Braut wieder nach Haus und sagte das wäre nicht die rechte, die andere Schwester sollte den Schuh anziehen. Da gieng diese in die Kammer und kam mit den Zehen glücklich in den Schuh, aber die Ferse war zu groß. Da reichte ihr die Mutter ein Messer und sprach »hau ein Stück von der Ferse ab: wann du Königin bist, brauchst du nicht mehr zu Fuß zu gehen.« Das Mädchen hieb ein Stück von der Ferse ab, zwängte den Fuß in den Schuh, verbiss den Schmerz und gieng heraus zum Königssohn. Da nahm er sie als seine Braut aufs Pferd und ritt mit ihr fort. Als sie an dem Haselbäumchen vorbeikamen, saßen die zwei Täubchen darauf und riefen

»rucke di guck, rucke di guck,
Blut ist im Schuck:
der Schuck ist zu klein,
die rechte Braut sitzt noch daheim.«

Er blickte nieder auf ihren Fuß, und sah wie das Blut aus dem Schuh quoll und an den weißen Strümpfen ganz rot heraufgestiegen war. Da wendete er sein Pferd, und brachte die falsche Braut wieder nach Haus. »Das ist auch nicht die rechte«, sprach er, »habt ihr keine andere Tochter?« »Nein«, sagte der Mann, »nur von meiner verstorbenen Frau ist noch ein kleines verbuttetes Aschenputtel da: das kann unmöglich die Braut sein.« Der Königssohn sprach er sollte es heraufschicken, die Mutter aber antwortete »ach nein, das ist viel zu schmutzig, das darf sich nicht sehen lassen.« Er wollte es aber durchaus haben, und Aschenputtel musste gerufen werden. Da wusch es sich erst Hände und Angesicht rein, gieng dann hin und neigte sich vor dem Königssohn, der ihm den goldenen Schuh reichte. Dann setzte es sich auf einen Schemel, zog den Fuß aus dem schweren Holzschuh und steckte ihn in den Pantoffel, der war wie angegossen. Und als es sich in die Höhe richtete und der König ihm ins Gesicht sah, so erkannte er das schöne Mädchen, das mit ihm getanzt hatte, und rief »das ist die rechte Braut!« Die Stiefmutter und die beiden Schwestern erschraken und wurden bleich vor Ärger: er aber nahm Aschenputtel aufs Pferd und ritt mit ihm fort. Als sie an dem Haselbäumchen vorbei kamen, riefen die zwei weißen Täubchen:

»rucke di guck, rucke di guck,
kein Blut im Schuck:
der Schuck ist nicht zu klein,
die rechte Braut die führt er heim.«

Und als sie das gerufen hatten, kamen sie beide herab geflogen und setzten sich dem Aschenputtel auf die Schultern, eine rechts, die andere links, und blieben da sitzen.

Als die Hochzeit mit dem Königssohn sollte gehalten werden, kamen die falschen Schwestern, wollten sich einschmeicheln und teil an seinem Glück nehmen. Als die Brautleute nun zur Kirche giengen, war die älteste zur rechten, die jüngste zur linken Seite: da pickten die Tauben einer jeden das eine Auge aus. Hernach als sie heraus giengen, war die älteste zur linken und die jüngste zur rechten: da pickten die Tauben einer jeden das andere Auge aus. Und waren sie also für ihre Bosheit und Falschheit mit Blindheit auf ihr Lebtag gestraft.

2 Sneewittchen

Es war einmal mitten im Winter, und die Schneeflocken fielen wie Federn vom Himmel herab, da saß eine Königin an einem Fenster, das einen Rahmen von schwarzem Ebenholz hatte, und nähte. Und wie sie so nähte und nach dem Schnee aufblickte, stach sie sich mit der Nadel in den Finger, und es fielen drei Tropfen Blut in den Schnee. Und weil das Rote im weißen Schnee so schön aussah, dachte sie bei sich »hätt ich ein Kind so weiß wie Schnee, so rot wie Blut, und so schwarz wie das Holz an dem Rahmen.« Bald darauf bekam sie ein Töchterlein, das war so weiß wie Schnee, so rot wie Blut, und so schwarzhaarig wie Ebenholz, und ward darum das Sneewittchen

(Schneeweißchen) genannt. Und wie das Kind geboren war, starb die Königin.

Über ein Jahr nahm sich der König eine andere Gemahlin. Es war eine schöne Frau, aber sie war stolz und übermütig, und konnte nicht leiden dass sie an Schönheit von jemand sollte übertroffen werden. Sie hatte einen wunderbaren Spiegel, wenn sie vor den trat und sich darin beschaute, sprach sie

»Spieglein, Spieglein an der Wand,
wer ist die schönste im ganzen Land?«

so antwortete der Spiegel

»Frau Königin, ihr seid die schönste im Land.«

Da war sie zufrieden, denn sie wusste dass der Spiegel die Wahrheit sagte.

Sneewittchen aber wuchs heran, und wurde immer schöner, und als es sieben Jahr alt war, war es so schön, wie der klare Tag, und schöner als die Königin selbst. Als diese einmal ihren Spiegel fragte:

»Spieglein, Spieglein an der Wand,
wer ist die schönste im ganzen Land?«

so antwortete er

»Frau Königin, ihr seid die schönste hier,
aber Sneewittchen ist tausendmal schöner als ihr.«

Da erschrak die Königin, und ward gelb und grün vor Neid. Von Stund an, wenn sie Sneewittchen erblickte, kehrte sich ihr das Herz im Leibe herum, so hasste sie das Mädchen. Und der Neid und Hochmut wuchsen wie ein Unkraut in ihrem Herzen immer höher, dass sie Tag und Nacht keine Ruhe mehr hatte. Da rief sie einen Jäger und sprach »bring das Kind hinaus in den Wald, ich will's nicht mehr vor meinen Augen sehen. Du sollst es töten, und mir Lunge und Leber zum Wahrzeichen mitbringen.« Der Jäger gehorchte und führte es hinaus, und als er den Hirschfänger gezogen hatte und Sneewittchens unschuldiges Herz durchbohren wollte, fieng es an zu weinen und sprach »ach, lieber Jäger, lass mir mein Leben; ich will in den wilden Wald laufen und nimmermehr wieder heim kommen.« Und weil es so schön war, hatte der Jäger Mitleiden und sprach »so lauf hin, du armes Kind.« »Die wilden Tiere werden dich bald gefressen haben« dachte er, und doch war's ihm als wär ein Stein von seinem Herzen gewälzt, weil er es nicht zu töten brauchte. Und als gerade ein junger Frischling daher gesprungen kam, stach er ihn ab, nahm Lunge und Leber heraus, und brachte sie als Wahrzeichen der Königin mit. Der Koch musste sie in Salz kochen, und das boshafte Weib aß sie auf und meinte sie hätte Sneewittchens Lunge und Leber gegessen.

Nun war das arme Kind in dem großen Wald mutterselig allein, und ward ihm so angst, dass es alle Blätter an den Bäumen ansah und nicht wusste wie es sich helfen sollte. Da fieng es an zu laufen und lief über die spitzen Steine und durch die Dornen, und die wilden Tiere sprangen an ihm vorbei, aber sie taten ihm nichts. Es lief so lange nur die Füße noch fort konnten, bis es bald Abend werden wollte, da sah es ein kleines Häuschen und gieng hinein sich zu ruhen. In dem Häuschen war alles klein, aber so zierlich und reinlich, dass es nicht zu sagen ist. Da stand ein weiß gedecktes Tischlein mit sieben kleinen Tellern, jedes Tellerlein mit seinem Löffelein, ferner sieben Messerlein und Gäblein, und sieben Becherlein. An der Wand waren sieben Bettlein neben einander aufgestellt und schneeweiße Laken darüber gedeckt. Sneewittchen, weil es so hungrig und durstig war, aß von jedem Tellerlein ein wenig Gemüs und Brot, und trank aus jedem Becherlein einen Tropfen Wein; denn es wollte nicht einem allein alles wegnehmen. Hernach, weil es so müde war, legte es sich in ein Bettchen, aber keins passte; das eine war zu lang, das andere zu kurz, bis endlich das siebente recht war: und darin blieb es liegen, befahl sich Gott und schlief ein.

Als es ganz dunkel geworden war, kamen die Herren von dem Häuslein, das waren die sieben Zwerge, die in den Bergen nach Erz hackten und gruben. Sie zündeten ihre sieben Lichtlein an, und wie es nun hell im Häuslein ward, sahen sie dass jemand darin gewesen war, denn es stand nicht alles so in der Ordnung, wie sie es verlassen hatten. Der erste sprach »wer hat auf meinem Stühlchen gesessen?« Der zweite »wer hat von meinem Tellerchen gegessen?« Der dritte »wer hat von meinem Brötchen genommen?« Der vierte »wer hat von meinem Gemüschen gegessen?« Der fünfte »wer hat mit meinem Gäbelchen gestochen?« Der sechste »wer hat mit meinem Messerchen geschnitten?« Der siebente »wer hat aus meinem Becherlein getrunken?« Dann sah sich der erste um und sah dass auf seinem Bett eine kleine Dälle war, da sprach er »wer hat in mein Bettchen getreten?« Die andern kamen gelaufen und riefen »in meinem hat auch jemand gelegen.« Der siebente aber, als er in sein Bett sah, erblickte Sneewittchen, das lag darin und schlief. Nun rief er die andern, die kamen herbeigelaufen, und schrien vor Verwunderung, holten ihre sieben Lichtlein, und beleuchteten Sneewittchen. »Ei, du mein Gott! ei, du mein Gott!« riefen sie, »was ist das Kind so schön!« und hatten so große Freude, dass sie es nicht aufweckten, sondern im Bettlein fortschlafen ließen. Der siebente Zwerg aber schlief bei seinen Gesellen, bei jedem eine Stunde, da war die Nacht herum.

Als es Morgen war, erwachte Sneewittchen, und wie es die sieben Zwerge sah, erschrak es. Sie waren aber freundlich und fragten »wie heißt du?« »Ich heiße Sneewittchen« antwortete es. »Wie bist du in unser Haus gekommen?« sprachen weiter die Zwerge. Da erzählte es ihnen dass seine Stiefmutter es hätte wollen umbringen lassen, der Jäger hätte ihm aber das Leben geschenkt, und da wär es gelaufen den ganzen Tag, bis es endlich ihr Häuslein gefunden hätte. Die Zwerge sprachen »willst du unsern Haushalt versehen, kochen, betten, waschen, nähen und stricken, und willst du alles ordentlich und reinlich halten, so kannst du bei uns bleiben, und es soll dir an nichts fehlen.« »Ja«, sagte Sneewittchen, »von Herzen gern«, und blieb bei ihnen. Es hielt ihnen das Haus in Ordnung: Morgens giengen sie in die Berge und suchten Erz und Gold, Abends kamen sie wieder, und da musste ihr Essen bereit sein. Den Tag über war das Mädchen allein, da warnten es die guten Zwerglein und sprachen »hüte dich vor deiner Stiefmutter, die wird bald wissen dass du hier bist; lass ja niemand herein.«

Die Königin aber, nachdem sie Sneewittchens Lunge und Leber glaubte gegessen zu haben, dachte nicht anders als sie wäre wieder die erste und allerschönste, trat vor ihren Spiegel und sprach

»Spieglein, Spieglein an der Wand,
wer ist die schönste im ganzen Land?«

Da antwortete der Spiegel

»Frau Königin, ihr seid die schönste hier,
aber Sneewittchen über den Bergen
bei den sieben Zwergen
ist noch tausendmal schöner als ihr.«

Da erschrak sie, denn sie wusste, dass der Spiegel keine Unwahrheit sprach, und merkte dass der Jäger sie betrogen hatte, und Sneewittchen noch am Leben war. Und da sann und sann sie aufs neue, wie sie es umbringen wollte; denn so lange sie nicht die schönste war im ganzen Land, ließ ihr der Neid keine Ruhe. Und als sie sich endlich etwas ausgedacht hatte, färbte sie sich das Gesicht, und kleidete sich wie eine alte Krämerin, und war ganz unkenntlich. In dieser Gestalt gieng sie über die sieben Berge zu den sieben Zwergen, klopfte an die Türe, und rief »schöne Ware feil! feil!« Sneewittchen guckte zum Fenster heraus und rief »guten Tag, liebe Frau, was habt ihr zu verkaufen?« »Gute Ware, schöne Ware«, antwortete sie, »Schnürriemen von allen Farben«, und holte einen hervor, der aus bunter Seide geflochten war. »Die ehrliche Frau kann ich herein lassen« dachte Sneewittchen, riegelte die Türe auf und kaufte sich den hübschen Schnürriemen. »Kind«, sprach die Alte, »wie du aussiehst! komm, ich will dich einmal ordentlich schnüren.« Sneewittchen hatte kein Arg, stellte sich vor sie, und ließ sich mit dem neuen Schnürriemen schnüren: aber die Alte schnürte geschwind und schnürte so fest, dass dem Sneewittchen der Atem vergieng, und es für tot hinfiel. »Nun bist du die schönste gewesen« sprach sie, und eilte hinaus.

Nicht lange darauf, zur Abendzeit, kamen die sieben Zwerge nach Haus, aber wie erschraken sie, als sie ihr liebes Sneewittchen auf der Erde liegen sahen; und es regte und bewegte sich nicht, als wäre es tot. Sie hoben es in die Höhe, und weil sie sahen dass es zu fest geschnürt war, schnitten sie den Schnürriemen entzwei: da fieng es an ein wenig zu atmen, und ward nach und nach wieder lebendig. Als die Zwerge hörten was geschehen war, sprachen sie, »die alte Krämerfrau war niemand als die gottlose Königin: hüte dich und lass keinen Menschen herein, wenn wir nicht bei dir sind.«

Das böse Weib aber, als es nach Haus gekommen war, gieng vor den Spiegel und fragte

»Spieglein, Spieglein an der Wand,
wer ist die schönste im ganzen Land?«

Da antwortete er wie sonst

»Frau Königin, ihr seid die schönste hier,
aber Sneewittchen über den Bergen

bei den sieben Zwergen
ist noch tausendmal schöner als ihr.«

Als sie das hörte, lief ihr alles Blut zum Herzen, so erschrak sie, denn sie sah wohl dass Sneewittchen wieder lebendig geworden war. »Nun aber«, sprach sie, »will ich etwas aussinnen, das dich zu Grunde richten soll«, und mit Hexenkünsten, die sie verstand, machte sie einen giftigen Kamm. Dann verkleidete sie sich und nahm die Gestalt eines andern alten Weibes an. So gieng sie hin über die sieben Berge zu den sieben Zwergen, klopfte an die Türe, und rief »gute Ware feil! feil!« Sneewittchen schaute heraus und sprach »geht nur weiter, ich darf niemand hereinlassen.« »Das Ansehen wird dir doch erlaubt sein« sprach die Alte, zog den giftigen Kamm heraus und hielt ihn in die Höhe. Da gefiel er dem Kinde so gut, dass es sich betören ließ und die Türe öffnete. Als sie des Kaufs einig waren, sprach die Alte »nun will ich dich einmal ordentlich kämmen.« Das arme Sneewittchen dachte an nichts, und ließ die Alte gewähren, aber kaum hatte sie den Kamm in die Haare gesteckt, als das Gift darin wirkte, und das Mädchen ohne Besinnung niederfiel. »Du Ausbund von Schönheit«, sprach das boshafte Weib, »jetzt ist's um dich geschehen«, und gieng fort. Zum Glück aber war es bald Abend, wo die sieben Zwerglein nach Haus kamen. Als sie Sneewittchen wie tot auf der Erde liegen sahen, hatten sie gleich die Stiefmutter in Verdacht, suchten nach, und fanden den giftigen Kamm, und kaum hatten sie ihn herausgezogen, so kam Sneewittchen wieder zu sich, und erzählte was vorgegangen war. Da warnten sie es noch einmal auf seiner Hut zu sein und niemand die Türe zu öffnen.

Die Königin stellte sich daheim vor den Spiegel und sprach
»Spieglein, Spieglein an der Wand,
wer ist die schönste im ganzen Land?«

Da antwortete er, wie vorher,
»Frau Königin, ihr seid die schönste hier,
aber Sneewittchen über den Bergen
bei den sieben Zwergen
ist doch noch tausendmal schöner als ihr.«

Als sie den Spiegel so reden hörte, zitterte und bebte sie vor Zorn. »Sneewittchen soll sterben«, rief sie, »und wenn es mein eignes Leben kostet.« Darauf gieng sie in eine ganz verborgene einsame Kammer, wo niemand hinkam, und machte da einen giftigen giftigen Apfel. Äußerlich sah er schön aus, weiß mit roten Backen, dass jeder, der ihn erblickte, Lust danach bekam, aber wer ein Stückchen davon aß, der musste sterben. Als der Apfel fertig war, färbte sie sich das Gesicht, und verkleidete sich in eine Bauersfrau, und so gieng sie über die sieben Berge zu den sieben Zwergen. Sie klopfte an, Sneewittchen streckte den Kopf zum Fenster heraus, und sprach »ich darf keinen Menschen einlassen, die sieben Zwerge haben mir's verboten.« »Mir auch recht«, antwortete die Bäurin, »meine Äpfel will ich schon los werden. Da, einen will ich dir schenken.« »Nein«, sprach Sneewittchen, »ich darf nichts annehmen.« »Fürchtest du dich vor Gift?« sprach die Alte, »siehst du, da schneide ich den Apfel in zwei Teile; den roten Backen iss du, den weißen will ich essen.« Der Apfel war aber so künstlich gemacht, dass der rote Backen allein vergiftet war. Sneewittchen lusterte den schönen Apfel an, und als es sah, dass die Bäurin davon aß, so konnte es nicht länger widerstehen, streckte die Hand hinaus und nahm die giftige Hälfte. Kaum aber hatte es einen Bissen davon im Mund, so fiel es tot zur Erde nieder. Da betrachtete es die Königin mit grausigen Blicken und lachte überlaut, und sprach »weiß wie Schnee, rot wie Blut, schwarz wie Ebenholz! diesmal können dich die Zwerge nicht wieder erwecken.« Und als sie daheim den Spiegel befragte,

»Spieglein, Spieglein an der Wand,
wer ist die schönste im ganzen Land?«

so antwortete er endlich

»Frau Königin, ihr seid die schönste im Land.«

Da hatte ihr neidisches Herz Ruhe, so gut ein neidisches Herz Ruhe haben kann.

Die Zwerglein, wie sie Abends nach Haus kamen, fanden Sneewittchen auf der Erde liegen, und es gieng kein Atem mehr aus seinem Mund, und es war tot. Sie hoben es auf, suchten ob sie was giftiges fänden, schnürten es auf, kämmten ihm die Haare, wuschen es mit Wasser und Wein, aber es half alles nichts; das liebe Kind war tot und blieb tot. Sie legten es auf eine Bahre und setzten sich alle siebene daran und beweinten es, und weinten drei Tage lang. Da wollten sie es begraben, aber es sah noch so frisch aus wie ein lebender

Mensch, und hatte noch seine schönen roten Backen. Sie sprachen »das können wir nicht in die schwarze Erde versenken«, und ließen einen durchsichtigen Sarg von Glas machen, dass man es von allen Seiten sehen konnte, legten es hinein, und schrieben mit goldenen Buchstaben seinen Namen darauf, und dass es eine Königstochter wäre. Dann setzten sie den Sarg hinaus auf den Berg, und einer von ihnen blieb immer dabei, und bewachte ihn. Und die Tiere kamen auch und beweinten Sneewittchen, erst eine Eule, dann ein Rabe, zuletzt ein Täubchen.

Nun lag Sneewittchen lange lange Zeit in dem Sarg und verweste nicht, sondern sah aus als wenn es schliefe, denn es war noch so weiß als Schnee, so rot als Blut, und so schwarzhaarig wie Ebenholz. Es geschah aber, dass ein Königssohn in den Wald geriet und zu dem Zwergenhaus kam, da zu übernachten. Er sah auf dem Berg den Sarg, und das schöne Sneewittchen darin, und las was mit goldenen Buchstaben darauf geschrieben war. Da sprach er zu den Zwergen »lasst mir den Sarg, ich will euch geben, was ihr dafür haben wollt.« Aber die Zwerge antworteten »wir geben ihn nicht um alles Gold in der Welt.« Da sprach er »so schenkt mir ihn, denn ich kann nicht leben ohne Sneewittchen zu sehen, ich will es ehren und hochachten wie mein Liebstes.« Wie er so sprach, empfanden die guten Zwerglein Mitleiden mit ihm und gaben ihm den Sarg. Der Königssohn ließ ihn nun von seinen Dienern auf den Schultern forttragen. Da geschah es, dass sie über einen Strauch stolperten, und von dem Schüttern fuhr der giftige Apfelgrütz, den Sneewittchen abgebissen hatte, aus dem Hals. Und nicht lange so öffnete es die Augen, hob den Deckel vom Sarg in die Höhe, und richtete sich auf, und war wieder lebendig. »Ach Gott, wo bin ich?« rief es. Der Königssohn sagte voll Freude »du bist bei mir«, und erzählte was sich zugetragen hatte und sprach »ich habe dich lieber als alles auf der Welt; komm mit mir in meines Vaters Schloss, du sollst meine Gemahlin werden.« Da war ihm Sneewittchen gut und gieng mit ihm, und ihre Hochzeit ward mit großer Pracht und Herrlichkeit angeordnet.

Zu dem Fest wurde aber auch Sneewittchens gottlose Stiefmutter eingeladen. Wie sie sich nun mit schönen Kleidern angetan hatte, trat sie vor den Spiegel und sprach

»Spieglein, Spieglein an der Wand,
wer ist die schönste im ganzen Land?«

Der Spiegel antwortete

»Frau Königin, ihr seid die schönste hier,
aber die junge Königin ist tausendmal schöner als ihr.«

Da stieß das böse Weib einen Fluch aus, und ward ihr so angst, so angst, dass sie sich nicht zu lassen wusste. Sie wollte zuerst gar nicht auf die Hochzeit kommen: doch ließ es ihr keine Ruhe, sie musste fort und die junge Königin sehen. Und wie sie hineintrat, erkannte sie Sneewittchen, und vor Angst und Schrecken stand sie da und konnte sich nicht regen. Aber es waren schon eiserne Pantoffeln über Kohlenfeuer gestellt und wurden mit Zangen herein getragen und vor sie hingestellt. Da musste sie in die rotglühenden Schuhe treten und so lange tanzen, bis sie tot zur Erde fiel.

3 Hänsel und Gretel

Vor einem großen Walde wohnte ein armer Holzhacker mit seiner Frau und seinen zwei Kindern; das Bübchen hieß Hänsel und das Mädchen Gretel. Er hatte wenig zu beißen und zu brechen, und einmal, als große Teuerung ins Land kam, konnte er auch das täglich Brot nicht mehr schaffen. Wie er sich nun Abends im Bette Gedanken machte und sich vor Sorgen herum wälzte, seufzte er und sprach zu seiner Frau »was soll aus uns werden? wie können wir unsere armen Kinder ernähren, da wir für uns selbst nichts mehr haben?« »Weißt du was, Mann«, antwortete die Frau, »wir wollen Morgen in aller Frühe die Kinder hinaus in den Wald führen, wo er am dicksten ist: da machen wir ihnen ein Feuer an und geben jedem noch ein Stückchen Brot, dann gehen wir an unsere Arbeit und lassen sie allein. Sie finden den Weg nicht wieder nach Haus und wir sind sie los.« »Nein, Frau«, sagte der Mann, »das tue ich nicht; wie sollt' ich's übers Herz bringen meine Kinder im Walde allein zu lassen, die wilden Tiere würden bald kommen und sie zerreißen.« »O du Narr«, sagte sie, »dann müssen wir alle viere Hungers sterben, du kannst nur die Bretter für die Särge hobelen«, und ließ ihm keine Ruhe bis er einwilligte. »Aber die armen Kinder dauern mich doch« sagte der Mann.

Die zwei Kinder hatten vor Hunger auch nicht einschlafen können und hatten gehört, was die Stiefmutter zum Vater gesagt hatte. Gretel weinte bittere Tränen und sprach zu Hänsel »nun ist's um uns geschehen.« »Still, Gretel«, sprach Hänsel, »gräme dich nicht, ich will uns schon helfen.« Und als die Alten eingeschlafen waren, stand er auf, zog sein Röcklein an, machte die Untertüre auf und schlich sich hinaus. Da schien der Mond ganz helle, und die weißen Kieselsteine, die vor dem Haus lagen, glänzten wie lauter Batzen. Hänsel bückte sich und steckte so viel in sein Rocktäschlein, als nur hinein wollten. Dann gieng er wieder zurück, sprach zu Gretel »sei getrost, liebes Schwesterchen, und schlaf nur ruhig ein, Gott wird uns nicht verlassen«, und legte sich wieder in sein Bett.

Als der Tag anbrach, noch ehe die Sonne aufgegangen war, kam schon die Frau und weckte die beiden Kinder, »steht auf, ihr Faulenzer, wir wollen in den Wald gehen und Holz holen.« Dann gab sie jedem ein Stückchen Brot und sprach »da habt ihr etwas für den Mittag, aber esst's nicht vorher auf, weiter kriegt ihr nichts.« Gretel nahm das Brot unter die Schürze, weil Hänsel die Steine in der Tasche hatte. Danach machten sie sich alle zusammen auf den Weg nach dem Wald. Als sie ein Weilchen gegangen waren, stand Hänsel still und guckte nach dem Haus zurück und tat das wieder und immer wieder. Der Vater sprach: »Hänsel, was guckst du da und bleibst zurück, hab Acht und vergiss deine Beine nicht.« »Ach, Vater«, sagte Hänsel, »ich sehe nach meinem weißen Kätzchen, das sitzt oben auf dem Dach und will mir Ade sagen.« Die Frau sprach »Narr, das ist dein Kätzchen nicht, das ist die Morgensonne, die auf den Schornstein scheint.« Hänsel aber hatte nicht nach dem Kätzchen gesehen, sondern immer einen von den blanken Kieselsteinen aus seiner Tasche auf den Weg geworfen.

Als sie mitten in den Wald gekommen waren, sprach der Vater »nun sammelt Holz, ihr Kinder, ich will ein Feuer anmachen, damit ihr nicht friert.« Hänsel und Gretel trugen Reisig zusammen, einen kleinen Berg hoch. Das Reisig ward angezündet, und als die Flamme recht hoch brannte, sagte die Frau »nun legt euch ans Feuer, ihr Kinder und ruht euch aus, wir gehen in den Wald und hauen Holz. Wenn wir fertig sind, kommen wir wieder und holen euch ab.«

Hänsel und Gretel saßen am Feuer, und als der Mittag kam, aß jedes sein Stücklein Brot. Und weil sie die Schläge der Holzaxt hörten, so glaubten sie ihr Vater wäre in der Nähe. Es war aber nicht die Holzaxt, es war ein Ast, den er an einen dürren Baum gebunden hatte und den der Wind hin und her schlug. Und als sie so lange gesessen hatten, fielen ihnen die Augen vor Müdigkeit zu, und sie schliefen fest ein. Als sie endlich erwachten, war es schon finstere Nacht. Gretel fieng an zu weinen und sprach »wie sollen wir nun aus dem Wald kommen!« Hänsel aber tröstete sie, »wart nur ein Weilchen, bis der Mond aufgegangen ist, dann wollen wir den Weg schon finden.« Und als der volle Mond aufgestiegen war, so nahm Hänsel sein Schwesterchen an der Hand und gieng den Kieselsteinen nach, die schimmerten wie neu geschlagene Batzen und zeigten ihnen den Weg. Sie giengen die ganze Nacht hindurch und kamen bei anbrechendem Tag wieder zu ihres Vaters Haus. Sie klopften an die Tür, und als die Frau aufmachte und sah dass es Hänsel und Gretel war, sprach sie »ihr bösen Kinder, was habt ihr so lange im Walde geschlafen, wir haben geglaubt ihr wolltet gar nicht wieder kommen.« Der Vater aber freute sich, denn es war ihm zu Herzen gegangen dass er sie so allein zurückgelassen hatte.

Nicht lange danach war wieder Not in allen Ecken, und die Kinder hörten wie die Mutter Nachts im Bette zu dem Vater sprach »alles ist wieder aufgezehrt, wir haben noch einen halben Laib Brot, hernach hat das Lied ein Ende. Die Kinder müssen fort, wir wollen sie tiefer in den Wald hineinführen, damit sie den Weg nicht wieder heraus finden; es ist sonst keine Rettung für uns.« Dem Mann fiel's schwer aufs Herz und er dachte »es wäre besser, dass du den letzten Bissen mit deinen Kindern teiltest.« Aber die Frau hörte auf nichts, was er sagte, schalt ihn und machte ihm Vorwürfe. Wer A sagt muss auch B sagen, und weil er das erste Mal nachgegeben hatte, so musste er es auch zum zweiten Mal.

Die Kinder waren aber noch wach gewesen und hatten das Gespräch mit angehört. Als die Alten schliefen, stand Hänsel wieder auf, wollte hinaus und Kieselsteine auflesen, wie das vorigemal, aber die Frau hatte die Tür verschlossen, und Hänsel konnte nicht heraus. Aber er tröstete sein Schwesterchen und sprach »weine nicht, Gretel, und schlaf nur ruhig, der liebe Gott wird uns schon helfen.«

Am frühen Morgen kam die Frau und holte die Kinder aus dem Bette. Sie erhielten ihr Stückchen Brot, das war aber noch kleiner als das vorigemal. Auf dem Wege nach dem Wald bröckelte es Hänsel in der Tasche, stand oft still und warf ein Bröcklein auf die Erde. »Hänsel, was stehst du und guckst dich um«, sagte der Vater, »geh deiner Wege.« »Ich sehe nach meinem Täubchen, das sitzt auf dem Dache und will mir Ade sagen«, antwortete Hänsel. »Narr«, sagte die Frau, »das ist dein Täubchen nicht, das ist die Morgensonne, die auf den Schornstein oben scheint.« Hänsel aber warf nach und nach alle Bröcklein auf den Weg.

Die Frau führte die Kinder noch tiefer in den Wald, wo sie ihr Lebtag noch nicht gewesen waren. Da ward wieder ein großes Feuer angemacht, und die Mutter sagte »bleibt nur da sitzen, ihr Kinder, und wenn ihr müde seid, könnt ihr ein wenig schlafen: wir gehen in den Wald und hauen Holz, und Abends, wenn wir fertig sind, kommen wir und holen euch ab.« Als es Mittag war, teilte Gretel ihr Brot mit Hänsel, der sein Stück auf den Weg gestreut hatte. Dann schliefen sie ein, und der Abend vergieng, aber niemand kam zu den armen Kindern. Sie erwachten erst in der finstern Nacht, und Hänsel tröstete sein Schwesterchen und sagte, »wart nur, Gretel, bis der Mond aufgeht, dann werden wir die Brotbröcklein sehen, die ich ausgestreut habe, die zeigen uns den Weg nach Haus.« Als der Mond kam, machten sie sich auf, aber sie fanden kein Bröcklein mehr, denn die viel tausend Vögel, die im Walde und im Felde umher fliegen, die hatten sie weggepickt. Hänsel sagte zu Gretel: »wir werden den Weg schon finden«, aber sie fanden ihn nicht. Sie giengen die ganze Nacht und noch einen Tag von Morgen bis Abend, aber sie kamen aus dem Wald nicht heraus, und waren so hungrig, denn sie hatten nichts als die paar Beeren, die auf der Erde standen. Und weil sie so müde waren dass die Beine sie nicht mehr tragen wollten, so legten sie sich unter einen Baum und schliefen ein.

Nun war's schon der dritte Morgen, dass sie ihres Vaters Haus verlassen hatten. Sie fiengen wieder an zu gehen, aber sie gerieten immer tiefer in den Wald und wenn nicht bald Hilfe kam, so mussten sie verschmachten. Als es Mittag war, sahen sie ein schönes schneeweißes Vöglein auf einem Ast sitzen, das sang so schön, dass sie stehen blieben und ihm zuhörten. Und als es fertig war, schwang es seine Flügel und flog vor ihnen her, und sie giengen ihm nach, bis sie zu einem Häuschen gelangten, auf dessen Dach es sich setzte, und als sie ganz nah heran kamen, so sahen sie dass das Häuslein aus Brot gebaut war, und mit Kuchen gedeckt; aber die Fenster waren von hellem Zucker. »Da wollen wir uns dran machen«, sprach Hänsel, »und eine gesegnete Mahlzeit halten. Ich will ein Stück vom Dach essen, Gretel, du kannst vom Fenster essen, das schmeckt süß.« Hänsel reichte in die Höhe und brach sich ein wenig vom Dach ab, um zu versuchen wie es schmeckte, und Gretel stellte sich an die Scheiben und knuperte daran. Da rief eine feine Stimme aus der Stube heraus

»knuper, knuper, kneischen,
wer knupert an meinem Häuschen?«

die Kinder antworteten

»der Wind, der Wind,
das himmlische Kind«,

und aßen weiter, ohne sich irre machen zu lassen. Hänsel, dem das Dach sehr gut schmeckte, riss sich ein großes Stück davon herunter, und Gretel stieß eine ganze runde Fensterscheibe heraus, setzte sich nieder, und tat sich wohl damit. Da gieng auf einmal die Türe auf, und eine steinalte Frau, die sich auf eine Krücke stützte, kam heraus geschlichen. Hänsel und Gretel erschraken so gewaltig, dass sie fallen ließen was sie in den Händen hielten. Die Alte aber wackelte mit dem Kopfe und sprach »ei, ihr lieben Kinder, wer hat euch hierher gebracht? kommt nur herein und bleibt bei mir, es geschieht euch kein Leid.« Sie fasste beide an der Hand und führte sie in ihr Häuschen. Da ward gutes Essen aufgetragen, Milch und Pfannekuchen mit Zucker, Äpfel und Nüsse. Hernach wurden zwei schöne Bettlein weiß gedeckt, und Hänsel und Gretel legten sich hinein und meinten sie wären im Himmel.

Die Alte hatte sich nur so freundlich angestellt, sie war aber eine böse Hexe, die den Kindern auflauerte, und hatte das Brothäuslein bloß gebaut, um sie herbeizulocken. Wenn eins in ihre Gewalt kam, so machte sie es tot, kochte es und aß es, und das war ihr ein Festtag. Die Hexen haben rote Augen und können nicht weit sehen, aber sie haben eine feine Witterung, wie die Tiere, und merken's wenn Menschen heran kommen. Als Hänsel und Gretel in ihre Nähe kamen, da lachte sie boshaft und sprach höhnisch »die habe ich, die sollen mir nicht wieder entwischen.« Früh Morgens ehe die Kinder erwacht waren, stand sie schon auf, und als sie beide so lieblich ruhen sah, mit den vollen roten Backen, so murmelte sie vor sich hin »das wird ein guter Bissen werden.« Da packte sie Hänsel mit ihrer dürren Hand und trug ihn in einen kleinen Stall und sperrte ihn mit einer Gittertüre ein; er mochte schreien wie er wollte, es half ihm nichts. Dann gieng sie zur Gretel, rüttelte sie wach und rief »steh auf, Faulenzerin, trag Wasser und koch deinem Bruder etwas gutes, der sitzt draußen im Stall und soll fett werden. Wenn er fett ist, so will ich ihn essen.« Gretel fieng an bitterlich zu weinen, aber es war alles vergeblich, sie musste tun was die böse Hexe verlangte.

Nun ward dem armen Hänsel das beste Essen gekocht, aber Gretel bekam nichts als Krebsschalen. Jeden Morgen schlich die Alte zu dem Ställchen und rief »Hänsel, streck deine Finger heraus, damit ich fühle ob du bald fett bist.« Hänsel streckte ihr aber ein Knöchlein heraus, und die Alte, die trübe Augen hatte, konnte es nicht sehen, und meinte es wären Hänsels Finger, und verwunderte sich dass er gar nicht fett werden wollte. Als vier Wochen herum waren und Hänsel immer mager blieb, da übernahm sie die Ungeduld, und sie wollte nicht länger warten. »Heda, Gretel«, rief sie dem Mädchen zu, »sei flink und trag Wasser: Hänsel mag fett oder mager sein, morgen will ich ihn schlachten und kochen.« Ach, wie jammerte das arme Schwesterchen, als es das Wasser tragen musste, und wie flossen ihm die Tränen über die Backen herunter! »Lieber Gott, hilf uns doch«, rief sie aus, »hätten uns nur die wilden Tiere im Wald gefressen, so wären wir doch zusammen gestorben.« »Spar nur dein Geblärre«, sagte die Alte, »es hilft dir alles nichts.«

Früh Morgens musste Gretel heraus, den Kessel mit Wasser aufhängen und Feuer anzünden. »Erst wollen wir backen« sagte die Alte, »ich habe den Backofen schon eingeheizt und den Teig geknetet.« Sie stieß das arme Gretel hinaus zu dem Backofen, aus dem die Feuerflammen schon heraus schlugen. »Kriech hinein«, sagte die Hexe, »und sieh zu ob recht eingeheizt ist, damit wir das Brot hineinschießen können.« Und wenn Gretel darin war, wollte sie den Ofen zumachen, und Gretel sollte darin braten, und dann wollte sie's auch aufessen. Aber Gretel merkte was sie im Sinn hatte und sprach »ich weiß nicht wie ich's machen soll; wie komm ich da hinein?« »Dumme Gans«, sagte die Alte, »die Öffnung ist groß genug, siehst du wohl, ich könnte selbst hinein«, krappelte heran und steckte den Kopf in den Backofen. Da gab ihr Gretel einen Stoß dass sie weit hinein fuhr, machte die eiserne Tür zu und schob den Riegel vor. Hu! da fieng sie an zu heulen, ganz grauselich; aber Gretel lief fort, und die gottlose Hexe musste elendiglich verbrennen.

Gretel aber lief schnurstracks zum Hänsel, öffnete sein Ställchen und rief »Hänsel, wir sind erlöst, die alte Hexe ist tot.« Da sprang Hänsel heraus, wie ein Vogel aus dem Käfig, wenn ihm die Türe aufgemacht wird. Wie haben sie sich gefreut, sind sich um den Hals gefallen, sind herumgesprungen und haben sich geküsst! Und weil sie sich nicht mehr zu fürchten brauchten, so giengen sie in das Haus der Hexe hinein, da standen in allen Ecken Kasten mit Perlen und Edelsteinen. »Die sind noch besser als Kieselsteine« sagte Hänsel und steckte in seine Taschen was hinein wollte, und Gretel sagte »ich will auch etwas mit nach Haus bringen« und füllte sich sein Schürzchen voll. »Aber jetzt wollen wir fort«, sagte Hänsel, »damit wir aus dem Hexenwald herauskommen.« Als sie aber ein paar Stunden gegangen waren, gelangten sie an ein großes Wasser. »Wir können nicht hinüber«, sprach Hänsel, »ich sehe keinen Steg und keine Brücke.« »Hier fährt auch kein Schiffchen«, antwortete Gretel, »aber da schwimmt eine weiße Ente, wenn ich die bitte, so hilft sie uns hinüber.« Da rief sie

»Entchen, Entchen,
da steht Gretel und Hänsel.
Kein Steg und keine Brücke,
nimm uns auf deinen weißen Rücken.«

Das Entchen kam auch heran, und Hänsel setzte sich auf und bat sein Schwesterchen sich zu ihm zu setzen. »Nein«, antwortete Gretel, »es wird dem Entchen zu schwer, es soll uns nach einander hinüber bringen.« Das tat das gute Tierchen, und als sie glücklich drüben waren und ein Weilchen fortgiengen, da kam ihnen der Wald immer bekannter und immer bekannter vor, und endlich erblickten sie von weitem ihres Vaters Haus. Da fiengen sie an zu laufen, stürzten in die Stube hinein und fielen ihrem Vater um den Hals. Der Mann hatte keine frohe Stunde gehabt, seitdem er die Kinder im Walde gelassen hatte, die Frau aber war gestorben. Gretel schüttete sein Schürzchen aus dass die Perlen und Edelsteine in der Stube herumsprangen, und Hänsel warf eine Handvoll nach der andern aus seiner Tasche dazu. Da hatten alle Sorgen ein Ende, und sie lebten in lauter Freude zusammen.

Mein Märchen ist aus,
dort lauft eine Maus,
wer sie fängt, darf sich eine große große Pelzkappe daraus machen.

4 Rotkäppchen

Es war einmal eine kleine süße Dirne, die hatte jedermann lieb, der sie nur ansah, am allerliebsten aber ihre Großmutter, die wusste gar nicht was sie alles dem Kinde geben sollte. Einmal schenkte sie ihm ein Käppchen von rotem Sammet, und weil ihm das so wohl stand, und es nichts anders mehr tragen wollte, hieß es nur das Rotkäppchen. Eines Tages sprach seine Mutter zu ihm »komm, Rotkäppchen, da hast du ein Stück Kuchen und eine Flasche Wein, bring das der Großmutter hinaus; sie ist krank und schwach und wird sich daran laben. Mach dich auf bevor es heiß wird, und wenn du hinaus kommst, so geh hübsch sittsam und lauf nicht vom Weg ab, sonst fällst du und zerbrichst das Glas und die Großmutter hat nichts. Und wenn du in ihre Stube kommst, so vergiss nicht guten Morgen zu sagen und guck nicht erst in alle Ecken herum.«

»Ich will schon alles gut machen« sagte Rotkäppchen zur Mutter, und gab ihr die Hand darauf. Die Großmutter aber wohnte draußen im Wald, eine halbe Stunde vom Dorf. Wie nun Rotkäppchen in den Wald kam, begegnete ihm der Wolf. Rotkäppchen aber wusste nicht was das für ein böses Tier war und fürchtete sich nicht vor ihm. »Guten Tag, Rotkäppchen«, sprach er. »Schönen Dank, Wolf.« »Wo hinaus so früh, Rotkäppchen?« »Zur Großmutter.« »Was trägst du unter der Schürze?« »Kuchen und Wein: gestern haben wir gebacken, da soll sich die kranke und schwache Großmutter etwas zu gut tun, und sich damit stärken.« »Rotkäppchen, wo wohnt deine Großmutter?« »Noch eine gute Viertelstunde weiter im Wald, unter den drei großen Eichbäumen, da steht ihr Haus, unten sind die Nusshecken, das wirst du ja wissen« sagte Rotkäppchen. Der Wolf dachte bei sich »das junge zarte Ding, das ist ein fetter Bissen, der wird noch besser schmecken als die Alte: du musst es listig anfangen, damit du beide erschnappst.« Da gieng er ein Weilchen neben Rotkäppchen her, dann sprach er: »Rotkäppchen, sieh einmal die schönen Blumen, die rings umher stehen, warum guckst du dich nicht um? ich glaube du hörst gar nicht, wie die Vöglein so lieblich singen? du gehst ja für dich hin als wenn du zur Schule giengst, und ist so lustig hausen in dem Wald.«

Rotkäppchen schlug die Augen auf, und als es sah wie die Sonnenstrahlen durch die Bäume hin und her tanzten, und alles voll schöner Blumen stand, dachte es »wenn ich der Großmutter einen frischen Strauß mitbringe, der wird ihr auch Freude machen; es ist so früh am Tag, dass ich doch zu rechter Zeit ankomme« lief vom Wege ab in den Wald hinein und suchte Blumen. Und wenn es eine gebrochen hatte, meinte es weiter hinaus stände eine schönere, und lief darnach, und geriet immer tiefer in den Wald hinein. Der Wolf aber gieng geradeswegs nach dem Haus der Großmutter, und klopfte an die Türe. »Wer ist draußen?« »Rotkäppchen, das bringt Kuchen und Wein, mach auf.« »Drück nur auf die Klinke«, rief die Großmutter, »ich bin zu schwach und kann nicht aufstehen.« Der Wolf drückte auf die Klinke, die Türe sprang auf und er gieng, ohne ein Wort zu sprechen, gerade zum Bett der Großmutter und verschluckte sie. Dann tat er ihre Kleider an, setzte ihre Haube auf, legte sich in ihr Bett und zog die Vorhänge vor.

Rotkäppchen aber war nach den Blumen herum gelaufen, und als es so viel zusammen hatte, dass es keine mehr tragen konnte, fiel ihm die Großmutter wieder ein und es machte sich auf den Weg zu ihr. Es wunderte sich dass die Türe aufstand, und wie es in die Stube trat, so kam es ihm so seltsam darin vor, dass es dachte »ei, du mein Gott, wie ängstlich wird mir's heute zu Mut, und bin sonst so gerne bei der Großmutter!« Es rief »guten Morgen«, bekam aber keine Antwort. Darauf gieng es zum Bett und zog die Vorhänge zurück: da lag die Großmutter, und hatte die Haube tief ins Gesicht gesetzt und sah so wunderlich aus. »Ei, Großmutter, was hast du für große Ohren!« »Dass ich dich besser hören kann.« »Ei, Großmutter, was hast du für große Augen!« »Dass ich dich besser sehen kann.« »Ei, Großmutter, was hast du für große Hände!« »Dass ich dich besser packen kann.« »Aber, Großmutter, was hast du für ein entsetzlich großes Maul!« »Dass ich dich besser fressen kann.« Kaum hatte der Wolf das gesagt, so tat er einen Satz aus dem Bette und verschlang das arme Rotkäppchen.

Wie der Wolf sein Gelüsten gestillt hatte, legte er sich wieder ins Bett, schlief ein und fieng an überlaut zu schnarchen. Der Jäger gieng eben an dem Haus vorbei und dachte »wie die alte Frau schnarcht, du musst doch sehen ob ihr etwas fehlt.« Da trat er in die Stube, und wie er vor das Bette kam, so sah er, dass der Wolf darin lag. »Finde ich dich hier, du alter Sünder«, sagte er, »ich habe dich lange gesucht.« Nun wollte er seine Büchse anlegen, da fiel ihm ein der Wolf könnte die Großmutter gefressen haben, und sie wäre noch zu retten: schoss nicht, sondern nahm eine Schere und fieng an dem schlafenden Wolf den Bauch aufzuschneiden. Wie er ein paar Schnitte getan hatte, da sah er das rote Käppchen leuchten, und noch ein paar Schnitte, da sprang das Mädchen heraus und rief »ach, wie war ich erschrocken, wie war's so dunkel in dem Wolf seinem Leib!« Und dann kam die alte Großmutter auch noch lebendig heraus und konnte kaum atmen. Rotkäppchen aber holte geschwind große Steine, damit füllten sie dem Wolf den Leib, und wie er aufwachte, wollte er fortspringen, aber die Steine waren so schwer, dass er gleich niedersank und sich tot fiel.

Da waren alle drei vergnügt; der Jäger zog dem Wolf den Pelz ab und gieng damit heim, die Großmutter aß den Kuchen und trank den Wein den Rotkäppchen gebracht hatte, und erholte sich wieder, Rotkäppchen aber dachte »du willst dein Lebtag nicht wieder allein vom Wege ab in den Wald laufen, wenn dir's die Mutter verboten hat.«

Es wird auch erzählt, dass einmal, als Rotkäppchen der alten Großmutter wieder Gebackenes brachte, ein anderer Wolf ihm zugesprochen und es vom Wege habe ableiten wollen. Rotkäppchen aber hütete sich und gieng gerade fort seines Wegs und sagte der Großmutter dass es dem Wolf begegnet wäre, der ihm guten Tag gewünscht, aber so bös aus den Augen geguckt hätte: »wenn's nicht auf offner Straße gewesen wäre, er hätte mich gefressen.« »Komm«, sagte die Großmutter, »wir wollen die Türe verschließen, dass er nicht herein kann.« Bald darnach klopfte der Wolf an und rief »mach auf, Großmutter, ich bin das Rotkäppchen, ich bring dir Gebackenes.« Sie schwiegen aber still und machten die Türe nicht auf: da schlich der Graukopf etlichemal um das Haus, sprang endlich aufs Dach und wollte warten bis Rotkäppchen Abends nach Haus gienge, dann wollte er ihm nachschleichen und wollt's in der Dunkelheit fressen. Aber die Großmutter merkte was er im Sinn hatte. Nun stand vor dem Haus ein großer Steintrog, da sprach sie zu dem Kind »nimm den Eimer, Rotkäppchen, gestern hab ich Würste gekocht, da trag das Wasser, worin sie gekocht sind, in den Trog.« Rotkäppchen trug so lange, bis der große große Trog ganz voll war. Da stieg der Geruch von den Würsten dem Wolf in die Nase, er schnupperte und guckte hinab, endlich machte er den Hals so lang, dass er sich nicht mehr halten konnte, und anfieng zu rutschen: so rutschte er vom Dach herab, gerade in den großen Trog hinein und ertrank. Rotkäppchen aber gieng fröhlich nach Haus, und tat ihm niemand etwas zu Leid.

5 Dornröschen

Vor Zeiten war ein König und eine Königin, die sprachen jeden Tag »ach, wenn wir doch ein Kind hätten!« und kriegten immer keins. Da trug sich zu, als die Königin einmal im Bade saß, dass ein Frosch aus dem Wasser ans Land kroch und zu ihr sprach, »dein Wunsch wird erfüllt werden, ehe ein Jahr vergeht, wirst du eine Tochter zur Welt bringen.« Was der Frosch gesagt hatte, das geschah, und die Königin gebar ein Mädchen, das war so schön, dass der König vor Freude sich nicht zu lassen wusste und ein großes Fest anstellte. Er ladete nicht bloß seine Verwandte, Freunde und Bekannte, sondern auch die weisen Frauen dazu ein, damit sie dem Kind hold und gewogen wären. Es waren ihrer dreizehn in seinem Reiche, weil er aber nur zwölf goldene Teller hatte, von welchen sie essen sollten, so musste eine von ihnen daheim bleiben. Das Fest ward mit aller Pracht gefeiert, und als es zu Ende war, beschenkten die weisen Frauen das Kind mit ihren Wundergaben: die eine mit Tugend, die andere mit Schönheit, die dritte mit Reichtum, und so mit allem, was auf der Welt zu wünschen ist. Als elfe ihre Sprüche eben getan hatten, trat plötzlich die dreizehnte herein. Sie wollte sich dafür rächen dass sie nicht eingeladen war, und ohne jemand zu grüßen oder nur anzusehen, rief sie mit lauter Stimme »die Königstochter soll sich in ihrem funfzehnten Jahr an einer Spindel stechen und tot hinfallen.« Und ohne ein Wort weiter zu sprechen kehrte sie sich um und verließ den Saal. Alle waren erschrocken, da trat die zwölfte hervor, die ihren Wunsch noch übrig hatte und weil sie den bösen Spruch nicht aufheben, sondern nur ihn mildern konnte, so sagte sie »es soll aber kein Tod sein, sondern ein hundertjähriger tiefer Schlaf, in welchen die Königstochter fällt.«

Der König, der sein liebes Kind vor dem Unglück gern bewahren wollte, ließ den Befehl ausgehen, dass alle Spindeln im ganzen Königreiche sollten verbrannt werden. An dem Mädchen aber wurden die Gaben der weisen Frauen sämtlich erfüllt, denn es war so schön, sittsam, freundlich und verständig, dass es jedermann, der es ansah, lieb haben musste. Es geschah, dass an dem Tage, wo es gerade funfzehn Jahr alt ward, der König und die Königin nicht zu Haus waren, und das Mädchen ganz allein im Schloss zurückblieb. Da gieng es aller Orten herum, besah Stuben und Kammern, wie es Lust hatte, und kam endlich auch an einen alten Turm. Es stieg die enge Wendeltreppe hinauf, und gelangte zu einer kleinen Türe. In dem Schloss steckte ein verrosteter Schlüssel, und als es umdrehte, sprang die Türe auf, und saß da in einem kleinen Stübchen eine alte Frau mit einer Spindel und spann emsig ihren Flachs. »Guten Tag, du altes Mütterchen«, sprach die Königstochter, »was machst du da?« »Ich spinne«, sagte die Alte und nickte mit dem Kopf. »Was ist das für ein Ding, das so lustig herumspringt?« sprach das Mädchen, nahm die Spindel und wollte auch spinnen. Kaum hatte sie aber die Spindel angerührt, so gieng der Zauberspruch in Erfüllung, und sie stach sich damit in den Finger.

In dem Augenblick aber, wo sie den Stich empfand, fiel sie auf das Bett nieder, das da stand, und lag in einem tiefen Schlaf. Und dieser Schlaf verbreitete sich über das ganze Schloss: der König und die Königin, die eben heim gekommen waren und in den Saal getreten waren, fiengen an einzuschlafen, und der ganze Hofstaat mit ihnen. Da schliefen auch die Pferde im Stall, die Hunde im Hofe, die Tauben auf dem Dache, die Fliegen an der Wand, ja, das Feuer, das auf dem Herde flackerte, ward still und schlief ein, und der Braten hörte auf zu brutzeln, und der Koch, der den Küchenjungen, weil er etwas versehen hatte, in den Haaren ziehen wollte, ließ ihn los und schlief. Und der Wind legte sich, und auf den Bäumen vor dem Schloss regte sich kein Blättchen mehr.

Rings um das Schloss aber begann eine Dornenhecke zu wachsen, die jedes Jahr höher ward, und endlich das ganze Schloss umzog, und darüber hinaus wuchs, dass gar nichts mehr davon zu sehen war, selbst nicht die Fahne auf dem Dach. Es gieng aber die Sage in dem Land von dem schönen schlafenden Dornröschen, denn so ward die Königstochter genannt, also dass von Zeit zu Zeit Königssöhne kamen und durch die Hecke in das Schloss dringen wollten. Es war ihnen aber nicht möglich, denn die Dornen, als hätten sie Hände, hielten fest zusammen, und die Jünglinge blieben darin hängen, konnten sich nicht wieder los machen und starben eines jämmerlichen Todes. Nach langen langen Jahren kam wieder einmal ein Königssohn in das Land, und hörte wie ein alter Mann von der Dornenhecke erzählte, es sollte ein Schloss dahinter stehen, in welchem eine wunderschöne Königstochter, Dornröschen genannt, schon seit hundert Jahren schliefe, und mit ihr schliefe der König und die Königin und der ganze Hofstaat. Er wusste auch von seinem Großvater dass schon viele Königssöhne gekommen wären und versucht hätten durch die Dornenhecke zu dringen, aber sie wären darin hängen geblieben und eines traurigen Todes gestorben. Da sprach der Jüngling »ich fürchte mich nicht, ich will hinaus und das schöne Dornröschen sehen.« Der gute Alte mochte ihm abraten, wie er wollte, er hörte nicht auf seine Worte.

Nun waren aber gerade die hundert Jahre verflossen, und der Tag war gekommen, wo Dornröschen wieder erwachen sollte. Als der Königssohn sich der Dornenhecke näherte, waren es lauter große schöne Blumen, die taten sich von selbst auseinander und ließen ihn unbeschädigt hindurch, und hinter ihm taten sie sich wieder als eine Hecke zusammen. Im Schlosshof sah er die Pferde und scheckigen Jagdhunde liegen und schlafen, auf dem Dache saßen die Tauben und hatten das Köpfchen unter den Flügel gesteckt. Und als er ins Haus kam, schliefen die Fliegen an der Wand, der Koch in der Küche hielt noch die Hand, als wollte er den Jungen anpacken, und die Magd saß vor dem schwarzen Huhn, das sollte gerupft werden. Da gieng er weiter, und sah im Saale den ganzen Hofstaat liegen und schlafen, und oben bei dem Throne lag der König und die Königin. Da gieng er noch weiter, und alles war so still, dass einer seinen Atem hören konnte, und endlich kam er zu dem Turm und öffnete die Türe zu der kleinen Stube, in welcher Dornröschen schlief. Da lag es und war so schön, dass er die Augen nicht abwenden konnte, und er bückte sich und gab ihm einen Kuss. Wie er es mit dem Kuss berührt hatte, schlug Dornröschen die Augen auf, erwachte, und blickte ihn ganz freundlich an. Da giengen sie zusammen herab, und der König erwachte und die Königin, und der ganze Hofstaat, und sahen einander mit großen Augen an. Und die Pferde im Hof standen auf und rüttelten sich: die Jagdhunde sprangen und wedelten: die Tauben auf dem Dache zogen das Köpfchen unterm Flügel hervor, sahen umher und flogen ins Feld: die Fliegen an den Wänden krochen weiter: das Feuer in der Küche erhob sich, flackerte: und kochte das Essen: der Braten fieng wieder an zu brutzeln: und der Koch gab dem Jungen eine Ohrfeige dass er schrie: und die Magd rupfte das Huhn fertig. Und da wurde die Hochzeit des Königssohns mit dem Dornröschen in aller Pracht gefeiert, und sie lebten vergnügt bis an ihr Ende.

6 Der Froschkönig oder der eiserne Heinrich

In den alten Zeiten, wo das Wünschen noch geholfen hat, lebte ein König, dessen Töchter waren alle schön, aber die jüngste war so schön, dass die Sonne selber, die doch so vieles gesehen hat, sich verwunderte so oft sie ihr ins Gesicht schien. Nahe bei dem Schlosse des Königs lag ein großer dunkler Wald, und in dem Walde unter einer alten Linde war ein Brunnen: wenn nun der Tag recht heiß war, so ging das Königskind hinaus in den Wald und setzte sich an den Rand des kühlen Brunnens: und wenn sie Langeweile hatte, so nahm sie eine goldene Kugel, warf sie in die Höhe und fieng sie wieder; und das war ihr liebstes Spielwerk.

Nun trug es sich einmal zu, dass die goldene Kugel der Königstochter nicht in ihr Händchen fiel, das sie in die Höhe gehalten hatte, sondern vorbei auf die Erde schlug und geradezu ins Wasser hinein rollte. Die Königstochter folgte ihr mit den Augen nach, aber die Kugel verschwand, und der Brunnen war tief, so tief dass man keinen Grund sah. Da fieng sie an zu weinen und weinte immer lauter und konnte sich gar nicht trösten. Und wie sie so klagte, rief ihr jemand zu »was hast du vor, Königstochter, du schreist ja dass sich ein Stein erbarmen möchte.« Sie sah sich um, woher die Stimme käme, da erblickte sie einen Frosch, der seinen dicken hässlichen Kopf aus dem Wasser streckte. »Ach, du bist's, alter Wasserpatscher«, sagte sie, »ich weine über meine goldene Kugel, die mir in den Brunnen hinab gefallen ist.« »Sei still und weine nicht«, antwortete der Frosch, »ich kann wohl Rat schaffen, aber was gibst du mir, wenn ich dein Spielwerk wieder heraufhole?« »Was du haben willst, lieber Frosch«, sagte sie, »meine Kleider, meine Perlen und Edelsteine, auch noch die goldene Krone, die ich trage.« Der Frosch antwortete: »deine Kleider, deine Perlen und Edelsteine, und deine goldene Krone, die mag ich nicht: aber wenn du mich lieb haben willst, und ich soll dein Geselle und Spielkamerad sein, an deinem Tischlein neben dir sitzen, von deinem goldenen Tellerlein essen, aus deinem Becherlein trinken, in deinem Bettlein schlafen: wenn du mir das versprichst, so will ich hinunter steigen und dir die goldene Kugel wieder herauf holen.« »Ach ja«, sagte sie, »ich verspreche dir alles, was du willst, wenn du mir nur die Kugel wieder bringst.« Sie dachte aber »was der einfältige Frosch schwätzt, der sitzt im Wasser bei seines Gleichen, und quakt und kann keines Menschen Geselle sein.«

Der Frosch, als er die Zusage erhalten hatte, tauchte seinen Kopf unter sank hinab, und über ein Weilchen kam er wieder herauf gerudert, hatte die Kugel im Maul und warf sie ins Gras. Die Königstochter war voll Freude, als sie ihr schönes Spielwerk wieder erblickte, hob es auf und sprang damit fort. »Warte, warte«, rief der Frosch, »nimm mich mit, ich kann nicht so laufen wie du.« Aber was half ihm dass er ihr sein quak, quak so laut nachschrie als er konnte! sie hörte nicht darauf, eilte nach Haus und hatte bald den armen Frosch vergessen, der wieder in seinen Brunnen hinab steigen musste.

Am andern Tage, als sie mit dem König und allen Hofleuten sich zur Tafel gesetzt hatte und von ihrem goldenen Tellerlein aß, da kam, plitsch platsch, plitsch platsch, etwas die Marmortreppe herauf gekrochen, und als es oben angelangt war, klopfte es an der Tür und rief »Königstochter, jüngste, mach mir auf.« Sie lief und wollte sehen wer draußen wäre, als sie aber aufmachte, so saß der Frosch davor. Da warf sie die Tür hastig zu, setzte sich wieder an den Tisch, und war ihr ganz angst. Der König sah wohl dass ihr das Herz gewaltig klopfte und sprach »mein Kind, was fürchtest du dich, steht etwa ein Riese vor der Tür und will dich holen?« »Ach nein«, antwortete sie, »es ist kein Riese, sondern ein garstiger Frosch.« »Was will der Frosch von dir?« »Ach lieber Vater, als ich gestern im Wald bei dem Brunnen saß und spielte, da fiel meine goldene Kugel ins Wasser. Und weil ich so weinte, hat sie der Frosch wieder heraufgeholt, und weil er es durchaus verlangte, so versprach ich ihm er sollte mein Geselle werden, ich dachte aber nimmermehr dass er aus seinem Wasser heraus könnte. Nun ist er draußen und will zu mir herein.« Indem klopfte es zum zweitenmal und rief

»Königstochter, jüngste,
mach mir auf,
weißt du nicht, was gestern
du zu mir gesagt
bei dem kühlen Brunnenwasser?
Königstochter, jüngste,
mach mir auf.«

Da sagte der König »was du versprochen hast, das musst du auch halten; geh nur und mach ihm auf.« Sie gieng und öffnete die Türe, da hüpfte der Frosch herein, ihr immer auf dem Fuße nach, bis zu ihrem Stuhl. Da saß er und rief »heb mich herauf zu dir.« Sie zauderte bis es endlich der König befahl. Als der Frosch erst auf dem Stuhl war, wollte er auf den Tisch, und als er da saß, sprach er »nun schieb mir dein goldenes Tellerlein näher, damit wir zusammen essen.« Das tat sie zwar, aber man sah wohl dass sie's nicht gerne tat. Der Frosch ließ sich's gut schmecken, aber ihr blieb fast jedes Bisslein im Halse. Endlich sprach er »ich habe mich satt gegessen, und bin müde, nun trag mich in dein Kämmerlein und mach dein seiden Bettlein zurecht, da wollen wir uns schlafen legen.« Die Königstochter fieng an zu weinen und fürchtete sich vor dem kalten Frosch, den sie nicht anzurühren getraute, und der nun in ihrem schönen reinen Bettlein schlafen sollte. Der König aber ward zornig und sprach »wer dir geholfen hat, als du in der Not warst, den sollst du hernach nicht verachten.« Da packte sie ihn mit zwei Fingern, trug ihn hinauf und setzte ihn in eine Ecke. Als sie aber im Bett lag, kam er gekrochen und sprach »ich bin müde, ich will schlafen so gut wie du: heb mich herauf, oder ich sag's deinem Vater.« Da ward sie erst bitterböse, holte ihn herauf und warf ihn aus allen Kräften wider die Wand, »nun wirst du Ruhe haben, du garstiger Frosch.«

Als er aber herab fiel, war er kein Frosch, sondern ein Königssohn mit schönen und freundlichen Augen. Der war nun nach ihres Vaters Willen ihr lieber Geselle und Gemahl. Da erzählte er ihr, er wäre von einer bösen Hexe verwünscht worden, und Niemand hätte ihn aus dem Brunnen erlösen können als sie allein, und morgen wollten sie zusammen in sein Reich gehen. Dann schliefen sie ein, und am andern Morgen, als die Sonne sie aufweckte, kam ein Wagen heran gefahren mit acht weißen Pferden bespannt, die hatten weiße Straußfedern auf dem Kopf, und giengen in goldenen Ketten, und hinten stand der Diener des jungen Königs, das war der treue Heinrich. Der treue Heinrich hatte sich so betrübt, als sein Herr war in einen Frosch verwandelt worden, dass er drei eiserne Bande hatte um sein Herz legen lassen, damit es ihm nicht vor Weh und Traurigkeit zerspränge. Der Wagen aber sollte den jungen König in sein Reich abholen; der treue Heinrich hob beide hinein, stellte sich wieder hinten auf und war voller Freude über die Erlösung. Und als sie ein Stück Wegs gefahren waren, hörte der Königssohn dass es hinter ihm krachte, als wäre etwas zerbrochen. Da drehte er sich um und rief:

»Heinrich, der Wagen bricht.«
»Nein, Herr, der Wagen nicht,
es ist ein Band von meinem Herzen,
das da lag in großen Schmerzen,
als ihr in dem Brunnen saßt,
als ihr eine Fretsche (Frosch) wast (wart).«

Noch einmal und noch einmal krachte es auf dem Weg, und der Königssohn meinte immer der Wagen bräche, und es waren doch nur die Bande, die vom Herzen des treuen Heinrich absprangen, weil sein Herr erlöst und glücklich war.

7 Hans im Glück

Hans hatte sieben Jahre bei seinem Herrn gedient, da sprach er zu ihm »Herr, meine Zeit ist herum, nun wollte ich gerne wieder heim zu meiner Mutter, gebt mir meinen Lohn.« Der Herr antwortete »du hast mir treu und ehrlich gedient, wie der Dienst war, so soll der Lohn sein«, und gab ihm ein Stück Gold, das so groß als Hansens Kopf war. Hans zog sein Tüchlein aus der Tasche, wickelte den Klumpen hinein, setzte ihn auf die Schulter und machte sich auf den Weg nach Haus. Wie er so dahin gieng und immer ein Bein vor das andere setzte, kam ihm ein Reiter in die Augen, der frisch und fröhlich auf einem muntern Pferd vorbei trabte. »Ach«, sprach Hans ganz laut, »was ist das Reiten ein schönes Ding! da sitzt einer wie auf einem Stuhl, stößt sich an keinen Stein, spart die Schuh, und kommt fort, er weiß nicht wie.« Der Reiter, der das gehört hatte, hielt an und rief »ei, Hans, warum laufst du auch zu Fuß?« »Ich muss ja wohl«, antwortete er, »da habe ich einen Klumpen heim zu tragen: es ist zwar Gold, aber ich kann den Kopf dabei nicht gerad halten, auch drückt mir's auf die Schulter.« »Weißt du was«, sagte der Reiter, »wir wollen tauschen: ich gebe dir mein Pferd, und du gibst mir deinen Klumpen.« »Von Herzen gern«, sprach Hans, »aber ich sage euch, ihr müsst euch damit schleppen.« Der Reiter stieg ab, nahm das Gold und half dem Hans hinauf, gab ihm die Zügel fest in die Hände und sprach »wenn's nun recht geschwind soll gehen, so musst du mit der Zunge schnalzen, und hopp hopp rufen.«

Hans war seelenfroh, als er auf dem Pferde saß und so frank und frei dahin ritt. Über ein Weilchen fiel's ihm ein, es sollte noch schneller gehen, und fieng an mit der Zunge zu schnalzen und hopp hopp zu rufen. Das Pferd setzte sich in starken Trab, und ehe sich's Hans versah, war er abgeworfen und lag in einem Graben, der die Äcker von der Landstraße trennte. Das Pferd wäre auch durchgegangen, wenn es nicht ein Bauer aufgehalten hätte, der des Weges kam und eine Kuh vor sich her trieb. Hans suchte seine Glieder zusammen und machte sich wieder auf die Beine. Er war aber verdrießlich und sprach zu dem Bauer »es ist ein schlechter Spaß, das Reiten, zumal, wenn man auf so eine Mähre gerät wie diese, die stößt und einen herabwirft, dass man den Hals brechen kann; ich setze mich nun und nimmermehr wieder auf. Da lob ich mir eure Kuh, da kann einer mit Gemächlichkeit hinter her gehen und hat obendrein seine Milch, Butter und Käse jeden Tag gewiss. Was gäb ich darum, wenn ich so eine Kuh hätte!« »Nun«, sprach der Bauer, »geschieht euch so ein großer Gefallen, so will ich euch wohl die Kuh für das Pferd vertauschen.« Hans willigte mit tausend Freuden ein: der Bauer schwang sich aufs Pferd und ritt eilig davon.

Hans trieb seine Kuh ruhig vor sich her und bedachte den glücklichen Handel. »Hab ich nur ein Stück Brot, und daran wird mir's doch nicht fehlen, so kann ich, so oft mir's beliebt, Butter und Käse dazu essen; hab ich Durst, so melk ich meine Kuh und trinke Milch. Herz, was verlangst du mehr?« Als er zu einem Wirtshaus kam, machte er Halt, aß in der großen Freude alles, was er bei sich hatte, sein Mittags- und Abendbrot, rein auf, und ließ sich für seine letzten paar Heller ein halbes Glas Bier einschenken. Dann trieb er seine Kuh weiter, immer nach dem Dorfe seiner Mutter zu. Die Hitze ward drückender, je näher der Mittag kam, und Hans befand sich in einer Heide, die wohl noch eine Stunde dauerte. Da ward es ihm ganz heiß, so dass ihm vor Durst die Zunge am Gaumen klebte. »Dem Ding ist zu helfen«, dachte Hans, »jetzt will ich meine Kuh melken und mich an der Milch laben.« Er band sie an einen dürren Baum, und da er keinen Eimer hatte, so stellte er seine Ledermütze unter, aber wie er sich auch bemühte, es kam kein Tropfen Milch zum Vorschein. Und weil er sich ungeschickt dabei anstellte, so gab ihm das ungeduldige Tier endlich mit einem der Hinterfüße einen solchen Schlag vor den Kopf, dass er zu Boden taumelte und eine zeitlang sich gar nicht besinnen konnte wo er war. Glücklicherweise kam gerade ein Metzger des Weges, der auf einem Schubkarren ein junges Schwein liegen hatte. »Was sind das für Streiche!« rief er und half dem guten Hans auf. Hans erzählte was vorgefallen war. Der Metzger reichte ihm seine Flasche und sprach »da trinkt einmal und erholt euch. Die Kuh will wohl keine Milch geben, das ist ein altes Tier, das höchstens noch zum Ziehen taugt oder zum Schlachten.« »Ei, ei«, sprach Hans, und strich sich die Haare über den Kopf, »wer hätte das gedacht! es ist freilich gut, wenn man so ein Tier ins Haus abschlachten kann, was gibt's für Fleisch! aber ich mache mir aus dem Kuhfleisch nicht viel, es ist mir nicht saftig genug. Ja, wer so ein junges Schwein hätte! das schmeckt anders, dabei noch die Würste.« »Hört, Hans«, sprach da der Metzger, »euch zu Liebe will ich tauschen und will euch das Schwein für die Kuh lassen.« »Gott lohn euch eure Freundschaft« sprach Hans, übergab ihm die Kuh, ließ sich das Schweinchen vom Karren losmachen und den Strick, woran es gebunden war, in die Hand geben.

Hans zog weiter und überdachte wie ihm doch alles nach Wunsch gienge, begegnete ihm je eine Verdrießlichkeit, so würde sie doch gleich wieder gut gemacht. Es gesellte sich danach ein Bursch zu ihm, der trug eine schöne weiße Gans unter dem Arm. Sie boten einander die Zeit, und Hans fieng an von seinem Glück zu erzählen und wie er immer so vorteilhaft getauscht hätte. Der Bursch erzählte ihm dass er die Gans zu einem Kindtaufschmaus brächte. »Hebt einmal«, fuhr er fort, und packte sie bei den Flügeln, »wie schwer sie ist, die ist aber auch acht Wochen lang genudelt worden. Wer in den Braten beißt, muss sich das Fett von beiden Seiten abwischen.« »Ja«, sprach Hans, und wog sie mit der einen Hand, »die hat ihr Gewicht, aber mein Schwein ist auch keine Sau.« Indessen sah sich der Bursch nach allen Seiten ganz bedenklich um, schüttelte auch wohl mit dem Kopf. »Hört«, fieng er darauf an, »mit eurem Schweine mag's nicht ganz richtig sein. In dem Dorfe, durch das ich gekommen bin, ist eben dem Schulzen eins aus dem Stall gestohlen worden. Ich fürchte, ich fürchte, ihr habt's da in der Hand. Sie haben Leute ausgeschickt, und es wäre ein schlimmer Handel, wenn sie euch mit dem Schwein erwischten: das geringste ist, dass ihr ins finstere Loch gesteckt werdet.« Dem guten Hans ward bang, »ach Gott«, sprach er, »helft mir aus der Not, ihr wisst hier herum bessern Bescheid, nehmt mein Schwein da und lasst mir eure Gans.« »Ich muss schon etwas aufs Spiel setzen«, antwortete der Bursche, »aber ich will doch nicht Schuld sein dass ihr ins Unglück geratet.« Er nahm also das Seil in die Hand und trieb das Schwein schnell auf einen Seitenweg fort: der gute Hans aber gieng, seiner Sorgen entledigt, mit der Gans unter dem Arme der Heimat zu. »Wenn ich's recht überlege«, sprach er mit sich selbst, »habe ich noch Vorteil bei dem Tausch: erstlich den guten Braten, hernach die Menge von Fett, die heraustraufeln wird, das gibt Gänsefettbrot auf ein Vierteljahr: und endlich die schönen weißen Federn, die lass ich mir in mein Kopfkissen stopfen, und darauf will ich wohl ungewiegt einschlafen. Was wird meine Mutter eine Freude haben!«

Als er durch das letzte Dorf gekommen war, stand da ein Scherenschleifer mit seinem Karren, sein Rad schnurrte, und er sang dazu

»ich schleife die Schere und drehe geschwind,
und hänge mein Mäntelchen nach dem Wind.«

Hans blieb stehen und sah ihm zu; endlich redete er ihn an, und sprach »euch geht's wohl, weil ihr so lustig bei eurem Schleifen seid.« »Ja«, antwortete der Scherenschleifer, »das Handwerk hat einen güldenen Boden. Ein rechter Schleifer ist ein Mann, der, so oft er in die Tasche greift, auch Geld darin findet. Aber wo habt ihr die schöne Gans gekauft?« »Die hab ich nicht gekauft, sondern für mein Schwein eingetauscht.« »Und das Schwein?« »Das hab ich für eine Kuh gekriegt.« »Und die Kuh?« »Die hab ich für ein Pferd bekommen.« »Und das Pferd?« »Dafür hab ich einen Klumpen Gold, so groß als mein Kopf, gegeben.« »Und das Gold?« »Ei, das war mein Lohn für sieben Jahre Dienst.« »Ihr habt euch jederzeit zu helfen gewusst«, sprach der

Schleifer, »könnt ihr's nun dahin bringen, dass ihr das Geld in der Tasche springen hört, wenn ihr aufsteht, so habt ihr euer Glück gemacht.« »Wie soll ich das anfangen?« sprach Hans. »Ihr müsst ein Schleifer werden, wie ich; dazu gehört eigentlich nichts, als ein Wetzstein, das andere findet sich schon von selbst. Da hab ich einen, der ist zwar ein wenig schadhaft, dafür sollt ihr mir aber auch weiter nichts als eure Gans geben; wollt ihr das?« »Wie könnt ihr noch fragen«, antwortete Hans, »ich werde ja zum glücklichsten Menschen auf Erden; habe ich Geld, so oft ich in die Tasche greife, was brauche ich da länger zu sorgen?« reichte ihm die Gans hin, und nahm den Wetzstein in Empfang. »Nun«, sprach der Schleifer, und hob einen gewöhnlichen schweren Feldstein, der neben ihm lag, auf, »da habt ihr noch einen tüchtigen Stein dazu, auf dem sich's gut schlagen lässt, und ihr eure alten Nägel gerade klopfen könnt. Nehmt hin und hebt ihn ordentlich auf.«

Hans lud den Stein auf und gieng mit vergnügtem Herzen weiter; seine Augen leuchteten vor Freude, »ich muss in einer Glückshaut geboren sein«, rief er aus, »alles was ich wünsche trifft mir ein, wie einem Sonntagskind.« Indessen, weil er seit Tagesanbruch auf den Beinen gewesen war, begann er müde zu werden; auch plagte ihn der Hunger, da er allen Vorrat auf einmal in der Freude über die erhandelte Kuh aufgezehrt hatte. Er konnte endlich nur mit Mühe weiter gehen und musste jeden Augenblick Halt machen; dabei drückten ihn die Steine ganz erbärmlich. Da konnte er sich des Gedankens nicht erwehren, wie gut es wäre, wenn er sie gerade jetzt nicht zu tragen brauchte. Wie eine Schnecke kam er zu einem Feldbrunnen geschlichen, wollte da ruhen und sich mit einem frischen Trunk laben: damit er aber die Steine im Niedersitzen nicht beschädigte, legte er sie bedächtig neben sich auf den Rand des Brunnens. Darauf setzte er sich nieder und wollte sich zum Trinken bücken, da versah er's, stieß ein klein wenig an, und beide Steine plumpten hinab. Hans, als er sie mit seinen Augen in die Tiefe hatte versinken sehen, sprang vor Freuden auf, kniete dann nieder und dankte Gott mit Tränen in den Augen dass er ihm auch diese Gnade noch erwiesen und ihn auf eine so gute Art und ohne dass er sich einen Vorwurf zu machen brauchte, von den schweren Steinen befreit hätte, die ihm allein noch hinderlich gewesen wären. »So glücklich wie ich«, rief er aus, »gibt es keinen Menschen unter der Sonne.« Mit leichtem Herzen und frei von aller Last sprang er nun fort, bis er daheim bei seiner Mutter war.

8 Der Wolf und die sieben jungen Geißlein

Es war einmal eine alte Geiß, die hatte sieben junge Geißlein, und hatte sie lieb, wie eine Mutter ihre Kinder lieb hat. Eines Tages wollte sie in den Wald gehen und Futter holen, da rief sie alle sieben herbei und sprach »liebe Kinder, ich will hinaus in den Wald, seid auf eurer Hut vor dem Wolf, wenn er herein kommt, so frisst er Euch alle mit Haut und Haar. Der Bösewicht verstellt sich oft, aber an seiner rauhen Stimme und an seinen schwarzen Füßen werdet ihr ihn gleich erkennen.« Die Geißlein sagten, »liebe Mutter, wir wollen uns schon in Acht nehmen, Ihr könnt ohne Sorge fortgehen.« Da meckerte die Alte und machte sich getrost auf den Weg.

Es dauerte nicht lange, so klopfte jemand an die Haustür und rief »macht auf, ihr lieben Kinder, eure Mutter ist da und hat jedem von Euch etwas mitgebracht.« Aber die Geißerchen hörten an der rauhen Stimme dass es der Wolf war »wir machen nicht auf«, riefen sie, »du bist unsere Mutter nicht, die hat eine feine und liebliche Stimme, aber deine Stimme ist rauh; du bist der Wolf.« Da gieng der Wolf fort zu einem Krämer, und kaufte sich ein großes Stück Kreide: die aß er und machte damit seine Stimme fein. Dann kam er zurück, klopfte an die Haustür und rief »macht auf, ihr lieben Kinder, eure Mutter ist da und hat jedem von Euch etwas mitgebracht.« Aber der Wolf hatte seine schwarze Pfote in das Fenster gelegt, das sahen die Kinder und riefen »wir machen nicht auf, unsere Mutter hat keinen schwarzen Fuß, wie du: du bist der Wolf.« Da lief der Wolf zu einem Bäcker und sprach »ich habe mich an den Fuß gestoßen, streich mir Teig darüber.« Und als ihm der Bäcker die Pfote bestrichen hatte, so lief er zum Müller und sprach »streu mir weißes Mehl auf meine Pfote.« Der Müller dachte »der Wolf will einen betrügen« und weigerte sich, aber der Wolf sprach »wenn du es nicht tust, so fresse ich dich.« Da fürchtete sich der Müller und machte ihm die Pfote weiß. Ja, das sind die Menschen.

Nun gieng der Bösewicht zum drittenmal zu der Haustüre, klopfte an und sprach »macht mir auf, Kinder, euer liebes Mütterchen ist heim gekommen und hat jedem von Euch etwas aus dem Walde mitgebracht.« Die Geißerchen riefen »zeig uns erst deine Pfote, damit wir wissen dass du unser liebes Mütterchen bist.« Da legte er die Pfote ins Fenster, und als sie sahen dass sie weiß war, so glaubten sie es wäre alles wahr, was er sagte, und machten die Türe auf. Wer aber hereinkam, das war der Wolf. Sie erschraken und wollten sich verstecken. Das eine sprang unter den Tisch, das zweite ins Bett, das dritte in den Ofen, das vierte in die Küche, das fünfte in den Schrank, das sechste unter die Waschschüssel, das siebente in den Kasten der Wanduhr. Aber der Wolf fand sie alle und machte nicht langes Federlesen: eins nach dem andern schluckte er in seinen Rachen; nur das jüngste in dem Uhrkasten das fand er nicht. Als der Wolf seine Lust gebüßt hatte, trollte er sich fort, legte sich draußen auf der grünen Wiese unter einen Baum und fieng an zu schlafen.

Nicht lange danach kam die alte Geiß aus dem Walde wieder heim. Ach, was musste sie da erblicken! Die Haustüre stand sperrweit auf: Tisch, Stühle und Bänke waren umgeworfen, die Waschschüssel lag in Scherben, Decke und Kissen waren aus dem Bett gezogen. Sie suchte ihre Kinder, aber nirgend waren sie zu finden. Sie rief sie nacheinander bei Namen, aber niemand antwortete. Endlich als sie an das jüngste kam, da rief eine feine Stimme »liebe Mutter, ich stecke im Uhrkasten.« Sie holte es heraus, und es erzählte ihr dass der Wolf gekommen wäre und die andern alle gefressen hätte. Da könnt ihr denken wie sie über ihre armen Kinder geweint hat.

Endlich gieng sie in ihrem Jammer hinaus, und das jüngste Geißlein lief mit. Als sie auf die Wiese kam, so lag da der Wolf an dem Baum und schnarchte dass die Äste zitterten. Sie betrachtete ihn von allen Seiten, und sah dass in seinem angefüllten Bauch sich etwas regte und zappelte. »Ach Gott«, dachte sie, »sollten meine armen Kinder, die er zum Abendbrot hinunter gewürgt hat, noch am Leben sein?« Da musste das Geißlein nach Haus laufen und Schere, Nadel und Zwirn holen. Dann schnitt sie dem Ungetüm den Wanst auf, und kaum hatte sie einen Schnitt getan, so streckte schon ein Geißlein den Kopf heraus, und als sie weiter schnitt, so sprangen nacheinander alle sechse heraus, und waren noch alle am Leben, und hatten nicht einmal Schaden gelitten, denn das Ungetüm hatte sie in der Gier ganz hinunter geschluckt. Das war eine Freude! Da herzten sie ihre liebe Mutter, und hüpften wie ein Schneider, der Hochzeit hält. Die Alte aber sagte »jetzt geht und sucht Wackersteine, damit wollen wir dem gottlosen Tier den Bauch füllen, so lange es noch im Schlafe liegt.« Da schleppten die sieben Geißerchen in aller Eile die Steine herbei und steckten sie ihm in den Bauch, so viel sie hinein bringen konnten. Dann nähte ihn die Alte in aller Geschwindigkeit wieder zu, dass er nichts merkte und sich nicht einmal regte.

Als der Wolf endlich ausgeschlafen hatte, machte er sich auf die Beine, und weil ihm die Steine im Magen so großen Durst erregten, so wollte er zu einem Brunnen gehen und trinken. Als er aber anfieng zu gehen und sich hin und her zu bewegen, so stießen die Steine in seinem Bauch aneinander und rappelten. Da rief er

»was rumpelt und pumpelt
in meinem Bauch herum?
ich meinte es wären sechs Geißlein,
so sind's lauter Wackerstein.«

Und als er an den Brunnen kam und sich über das Wasser bückte und trinken wollte, da zogen ihn die schweren Steine hinein, und er musste jämmerlich ersaufen. Als die sieben Geißlein das sahen, da kamen sie herbei gelaufen, riefen laut »der Wolf ist tot! der Wolf ist tot!« und tanzten mit ihrer Mutter vor Freude um den Brunnen herum.

9 Frau Holle

Eine Witwe hatte zwei Töchter, davon war die eine schön und fleißig, die andere hässlich und faul. Sie hatte aber die hässliche und faule, weil sie ihre rechte Tochter war, viel lieber, und die andere musste alle Arbeit tun und der Aschenputtel im Hause sein. Das arme Mädchen musste sich täglich auf die große Straße bei einem Brunnen setzen, und musste so viel spinnen, dass ihm das Blut aus den Fingern sprang. Nun trug es sich zu, dass die Spule einmal ganz blutig war, da bückte es sich damit in den Brunnen und wollte sie abwaschen: sie sprang ihm aber aus der Hand und fiel hinab. Es weinte, lief zur Stiefmutter und erzählte ihr das Unglück. Sie schalt es aber so heftig und war so unbarmherzig, dass sie sprach »hast du die Spule hinunterfallen lassen, so hol sie auch wieder herauf.« Da gieng das Mädchen zu dem Brunnen zurück und wusste nicht was es anfangen sollte: und in seiner Herzensangst sprang es in den Brunnen hinein, um die Spule zu holen. Es verlor die Besinnung, und als es erwachte und wieder zu sich selber kam, war es auf einer schönen Wiese wo die Sonne schien und viel tausend Blumen standen. Auf dieser Wiese gieng es fort und kam zu einem Backofen, der war voller Brot; das Brot aber rief »ach, zieh mich raus, zieh mich raus, sonst verbrenn ich: ich bin schon längst ausgebacken.« Da trat es herzu, und holte mit dem Brotschieber alles nach einander heraus. Danach gieng es weiter und kam zu einem Baum, der hieng voll Äpfel, und rief ihm zu »ach schüttel mich, schüttel mich, wir Äpfel sind alle mit einander reif.« Da schüttelte es den Baum, dass die Äpfel fielen als regneten sie, und schüttelte bis keiner mehr oben war; und als es alle in einen Haufen zusammengelegt hatte, gieng es wieder weiter. Endlich kam es zu einem kleinen Haus, daraus guckte ein[e] alte Frau, weil sie aber so große Zähne hatte, ward ihm angst, und es wollte fortlaufen. Die alte Frau aber rief ihm nach »was fürchtest du dich, liebes Kind? bleib bei mir, wenn du alle Arbeit im Hause ordentlich tun willst, so soll dir's gut gehn. Du musst nur Acht geben dass du mein Bett gut machst und es fleißig aufschüttelst, dass die Federn fliegen, dann schneit es in der Welt; ich bin die Frau Holle.« Weil die Alte ihm so gut zusprach, so fasste sich das Mädchen ein Herz, willigte ein und begab sich in ihren Dienst. Es besorgte auch alles nach ihrer Zufriedenheit, und schüttelte ihr das Bett immer gewaltig auf dass die Federn wie Schneeflocken umher flogen; dafür hatte es auch ein gut Leben bei ihr, kein böses Wort, und alle Tage Gesottenes und Gebratenes. Nun war es eine Zeitlang bei der Frau Holle, da ward es traurig und wusste anfangs selbst nicht was ihm fehlte, endlich merkte es dass es Heimweh war; ob es ihm hier gleich viel tausendmal besser gieng als zu Haus, so hatte es doch ein Verlangen dahin. Endlich sagte es zu ihr »ich habe den Jammer nach Haus kriegt, und wenn es mir auch noch so gut hier unten geht, so kann ich doch nicht länger bleiben, ich muss wieder hinauf zu den Meinigen.« Die Frau Holle sagte »es gefällt mir, dass du wieder nach Haus verlangst, und weil du mir so treu gedient hast, so will ich dich selbst wieder hinauf bringen.« Sie nahm es darauf bei der Hand und führte es vor ein großes Tor. Das Tor ward aufgetan, und wie das Mädchen gerade darunter stand, fiel ein gewaltiger Goldregen, und alles Gold blieb an ihm hängen, so dass es über und über davon bedeckt war. »Das sollst du haben, weil du so fleißig gewesen bist« sprach die Frau Holle und gab ihm auch die Spule wieder, die ihm in den Brunnen gefallen war. Darauf ward das Tor verschlossen, und das Mädchen befand sich oben auf der Welt, nicht weit von seiner Mutter Haus: und als es in den Hof kam, saß der Hahn auf dem Brunnen und rief

»kikeriki,
unsere goldene Jungfrau ist wieder hie.«

Da gieng es hinein zu seiner Mutter, und weil es so mit Gold bedeckt ankam, ward es von ihr und der Schwester gut aufgenommen.

Das Mädchen erzählte alles, was ihm begegnet war, und als die Mutter hörte wie es zu dem großen Reichtum gekommen war, wollte sie der andern hässlichen und faulen Tochter gerne dasselbe Glück verschaffen. Sie musste sich an den Brunnen setzen und spinnen; und damit ihre Spule blutig ward, stach sie sich in die Finger und stieß sich die Hand in die Dornhecke. Dann warf sie die Spule in den Brunnen und sprang selber hinein. Sie kam, wie die andere, auf die schöne Wiese und gieng auf demselben Pfade weiter. Als sie zu dem Backofen gelangte, schrie das Brot wieder »ach, zieh mich raus, zieh mich raus, sonst verbrenn ich, ich bin schon längst ausgebacken.« Die Faule aber antwortete »da hätt ich Lust mich schmutzig zu machen«, und gieng fort. Bald kam sie zu dem Apfelbaum, der rief »ach, schüttel mich, schüttel mich, wir Äpfel sind alle mit einander reif.« Sie antwortete aber »du kommst mir recht, es könnte mir einer auf den Kopf fallen«, und gieng damit weiter. Als sie vor der Frau Holle Haus kam, fürchtete sie sich nicht, weil sie von ihren großen Zähnen schon gehört hatte, und verdingte sich gleich zu ihr. Am ersten Tag tat sie sich Gewalt an, war fleißig und folgte der Frau Holle, wenn sie ihr etwas sagte, denn sie dachte an das viele Gold, das sie ihr schenken würde; am zweiten Tag aber fieng sie schon an zu faulenzen, am dritten noch mehr, da wollte sie Morgens gar nicht aufstehen. Sie machte auch der Frau Holle das Bett nicht wie sich's gebührte, und schüttelte es nicht, dass die Federn aufflogen. Das ward die Frau Holle bald müde und sagte ihr den Dienst auf. Die Faule war das wohl zufrieden und meinte nun würde der Goldregen kommen; die Frau Holle führte sie auch zu dem Tor, als sie aber darunter stand, ward statt des Goldes ein großer Kessel voll Pech ausgeschüttet. »Das ist zur Belohnung deiner Dienste« sagte die Frau Holle und schloss das Tor zu. Da kam die Faule heim, aber sie war ganz mit Pech bedeckt, und der Hahn auf dem Brunnen, als er sie sah, rief

»kikeriki,
unsere schmutzige Jungfrau ist wieder hie.«

Das Pech aber blieb fest an ihr hängen und wollte, so lange sie lebte, nicht abgehen.

10 Das tapfere Schneiderlein

An einem Sommermorgen saß ein Schneiderlein auf seinem Tisch am Fenster, war guter Dinge und nähte aus Leibeskräften. Da kam eine Bauersfrau die Straße herab und rief »gut Mus feil! gut Mus feil!« Das klang dem Schneiderlein lieblich in die Ohren, er steckte sein zartes Haupt zum Fenster hinaus und rief »hier herauf, liebe Frau, hier wird sie ihre Ware los.« Die Frau stieg die drei Treppen mit ihrem schweren Korbe zu dem Schneider herauf und musste die Töpfe sämtlich vor ihm auspacken. Er besah sie alle, hob sie in die Höhe, hielt die Nase dran und sagte endlich »das Mus scheint mir gut, wieg sie mir doch vier Lot ab, liebe Frau, wenn's auch ein Viertelpfund ist, kommt es mir nicht darauf an.« Die Frau, welche gehofft hatte einen guten Absatz zu finden, gab ihm was er verlangte, gieng aber ganz ärgerlich und brummig fort. »Nun das Mus soll mir Gott gesegnen«, rief das Schneiderlein, »und soll mir Kraft und Stärke geben«, holte das Brot aus dem Schrank, schnitt sich ein Stück über den ganzen Laib und strich das Mus darüber. »Das wird nicht bitter schmecken«, sprach er, »aber erst will ich den Wams fertig machen, eh ich anbeiße.« Er legte das Brot neben sich, nähte weiter und machte vor Freude immer größere Stiche. Indes stieg der Geruch von dem süßen Mus hinauf an die Wand, wo die Fliegen in großer Menge saßen, so dass sie heran gelockt wurden und sich scharenweis darauf nieder ließen. »Ei, wer hat euch eingeladen?« sprach das Schneiderlein, und jagte die ungebetenen Gäste fort. Die Fliegen aber, die kein deutsch verstanden, ließen sich nicht abweisen, sondern kamen in immer größerer Gesellschaft wieder. Da lief dem Schneiderlein endlich, wie man sagt, die Laus über die Leber, es langte aus seiner Hölle nach einem Tuchlappen, und »wart, ich will es euch geben!« schlug es unbarmherzig drauf. Als es abzog und zählte, so lagen nicht weniger als sieben vor ihm tot und streckten die Beine. »Bist du so ein Kerl?« sprach er, und musste selbst seine Tapferkeit bewundern, »das soll die ganze Stadt erfahren.« Und in der Hast schnitt sich das Schneiderlein einen Gürtel, nähte ihn und stickte mit großen Buchstaben darauf »siebene auf einen Streich!« »Ei was Stadt!« sprach er weiter, »die ganze Welt soll's erfahren!« und sein Herz wackelte ihm vor Freude wie ein Lämmerschwänzchen.

Der Schneider band sich den Gürtel um den Leib, und wollte in die Welt hinaus, weil er meinte die Werkstätte sei zu klein für seine Tapferkeit. Eh er abzog, suchte er im Haus herum ob nichts da wäre, was er mitnehmen könnte, er fand aber nichts als einen alten Käs, den steckte er ein. Vor dem Tore bemerkte er einen Vogel, der sich im Gesträuch gefangen hatte, der musste zu dem Käse in die Tasche. Nun nahm er den Weg tapfer zwischen die Beine, und weil er leicht und behend war, fühlte er keine Müdigkeit. Der Weg führte ihn auf einen Berg, und als er den höchsten Gipfel erreicht hatte, so saß da ein gewaltiger Riese und schaute sich ganz gemächlich um. Das Schneiderlein gieng beherzt auf ihn zu, redete ihn an und sprach: »guten Tag, Kamerad, gelt, du sitzest da, und besiehst dir die weitläuftige Welt? ich bin eben auf dem Wege dahin und will mich versuchen. Hast du Lust mit zu gehen?« Der Riese sah den Schneider verächtlich an und sprach »du Lump! du miserabler Kerl!« »Das wäre!« antwortete das Schneiderlein, knöpfte den Rock auf und zeigte dem Riesen den Gürtel, »da kannst du lesen was ich für ein Mann bin.« Der Riese las »siebene auf einen Streich«, meinte das wären Menschen gewesen, die der Schneider erschlagen hätte, und kriegte ein wenig Respekt vor dem kleinen Kerl. Doch wollte er ihn erst prüfen, nahm einen Stein in die Hand, und drückte ihn zusammen dass das Wasser heraus tropfte. »Das mach mir nach«, sprach der Riese, »wenn du Stärke hast.« »Ist's weiter nichts?« sagte das Schneiderlein, »das ist bei unser einem Spielwerk«, griff in die Tasche, holte den weichen Käs und drückte ihn dass der Saft heraus lief. »Gelt«, sprach er, »das war ein wenig besser?« Der Riese wusste nicht was er sagen sollte, und konnte es von dem Männlein nicht glauben. Da hob der Riese einen Stein auf und warf ihn so hoch, dass man ihn mit Augen kaum noch sehen konnte: »nun, du Erpelmännchen, das tu mir nach.« »Gut geworfen«, sagte der Schneider, »aber der Stein hat doch wieder zur Erde herabfallen müssen, ich will dir einen werfen, der soll gar nicht wieder kommen«; griff in die Tasche, nahm den Vogel und warf ihn in die Luft. Der Vogel, froh über seine Freiheit, stieg auf, flog fort und kam nicht wieder. »Wie gefällt dir das Stückchen, Kamerad?« fragte der Schneider. »Werfen kannst du wohl«, sagte der Riese, »aber nun wollen wir sehen ob du im Stande bist, etwas ordentliches zu tragen.« Er führte das Schneiderlein zu einem mächtigen Eichbaum, der da gefällt auf dem Boden lag, und sagte »wenn du stark genug bist, so hilf mir den Baum aus dem Walde heraus tragen.« »Gerne«, antwortete der kleine Mann, »nimm du nur den Stamm auf deine Schulter, ich will die Äste mit dem Gezweig aufheben und tragen, das ist doch das schwerste.« Der Riese nahm den Stamm auf die Schulter, der Schneider aber setzte sich auf einen Ast, und der Riese, der sich nicht umsehen konnte, musste den ganzen Baum und das Schneiderlein noch obendrein forttragen. Es war da hinten ganz lustig und guter Dinge, pfiff das Liedchen »es ritten drei Schneider zum Tore hinaus«, als wäre das Baumtragen ein Kinderspiel. Der Riese, nachdem er ein Stück Wegs die schwere Last fortgeschleppt hatte, konnte nicht weiter und rief »hör, ich muss den Baum fallen lassen.« Der Schneider sprang behendiglich herab, fasste den Baum mit beiden Armen, als wenn er ihn getragen hätte, und sprach zum Riesen »du bist ein so großer Kerl und kannst den Baum nicht einmal tragen.«

Sie giengen zusammen weiter, und als sie an einem Kirschbaum vorbei kamen, fasste der Riese die Krone des Baums, wo die zeitigsten Früchte hiengen, bog sie herab, gab sie dem Schneider in die

Hand und hieß ihn essen. Das Schneiderlein aber war viel zu schwach um den Baum zu halten, und als der Riese los ließ, fuhr der Baum in die Höhe, und der Schneider ward mit in die Luft geschnellt. Als er wieder ohne Schaden herabgefallen war, sprach der Riese »was ist das, hast du nicht Kraft die schwache Gerte zu halten?« »An der Kraft fehlt es nicht«, antwortete das Schneiderlein, »meinst du das wäre etwas für einen, der siebene mit einem Streich getroffen hat? ich bin über den Baum gesprungen, weil die Jäger da unten in das Gebüsch schießen. Spring nach, wenn du's vermagst.« Der Riese machte den Versuch, konnte aber nicht über den Baum kommen sondern blieb in den Ästen hängen, also dass das Schneiderlein auch hier die Oberhand behielt.

Der Riese sprach »wenn du ein so tapferer Kerl bist, so komm mit in unsere Höhle und übernachte bei uns.« Das Schneiderlein war bereit und folgte ihm. Als sie in der Höhle anlangten, saßen da noch andere Riesen beim Feuer, und jeder hatte ein gebratenes Schaf in der Hand und aß davon. Das Schneiderlein sah sich um und dachte »es ist doch hier viel weitläuftiger als in meiner Werkstatt.« Der Riese wies ihm ein Bett an und sagte er sollte sich hineinlegen und ausschlafen. Dem Schneiderlein war aber das Bett zu groß, er legte sich nicht hinein, sondern kroch in eine Ecke. Als es Mitternacht war, und der Riese meinte das Schneiderlein läge in tiefem Schlafe, so stand er auf, nahm eine große Eisenstange und schlug das Bett mit einem Schlag durch, und meinte er hätte dem Grashüpfer den Garaus gemacht. Mit dem frühsten Morgen giengen die Riesen in den Wald und hatten das Schneiderlein ganz vergessen, da kam es auf einmal ganz lustig und verwegen daher geschritten. Die Riesen erschraken, fürchteten es schlüge sie alle tot und liefen in einer Hast fort.

Das Schneiderlein zog weiter, immer seiner spitzen Nase nach. Nachdem es lange gewandert war, kam es in den Hof eines königlichen Palastes, und da es Müdigkeit empfand, so legte es sich ins Gras und schlief ein. Während es da lag, kamen die Leute, betrachteten es von allen Seiten und lasen auf dem Gürtel »siebene auf einen Streich«. »Ach«, sprachen sie, »was will der große Kriegsheld hier mitten im Frieden? Das muss ein mächtiger Herr sein.« Sie giengen und meldeten es dem König, und meinten wenn Krieg ausbrechen sollte, wäre das ein wichtiger und nützlicher Mann, den man um keinen Preis fortlassen dürfte. Dem König gefiel der Rat und er schickte einen von seinen Hofleuten an das Schneiderlein ab, der sollte ihm, wenn es aufgewacht wäre, Kriegsdienste anbieten. Der Abgesandte blieb bei dem Schläfer stehen, wartete bis er seine Glieder streckte und die Augen aufschlug, und brachte dann seinen Antrag vor. »Eben deshalb bin ich hierher gekommen«, antwortete er, »ich bin bereit in des Königs Dienste zu treten.« Also ward er ehrenvoll empfangen und ihm eine besondere Wohnung angewiesen.

Die Kriegsleute aber waren dem Schneiderlein aufgesessen und wünschten es wäre tausend Meilen weit weg. »Was soll daraus werden?« sprachen sie untereinander, »wenn wir Zank mit ihm kriegen und er haut zu, so fallen auf jeden Streich siebene. Da kann unser einer nicht bestehen.« Also fassten sie einen Entschluss, begaben sich allesamt zum König und baten um ihren Abschied. »Wir sind nicht gemacht«, sprachen sie, »neben einem Mann auszuhalten, der siebene auf einen Streich schlägt.« Der König war traurig dass er um des Einen willen alle seine treuen Diener verlieren sollte, wünschte dass seine Augen ihn nie gesehen hätten und wäre ihn gerne wieder los gewesen. Aber er getrauete sich nicht ihm den Abschied zu geben, weil er fürchtete er möchte ihn samt seinem Volke tot schlagen und sich auf den königlichen Thron setzen. Er sann lange hin und her, endlich fand er einen Rat. Er schickte zu dem Schneiderlein und ließ ihm sagen weil er ein so großer Kriegsheld wäre, so wollte er ihm ein Anerbieten machen. In einem Walde seines Landes hausten zwei Riesen, die mit Rauben Morden Sengen und Brennen großen Schaden stifteten: niemand dürfte sich ihnen nahen ohne sich in Lebensgefahr zu setzen. Wenn er diese beiden Riesen überwände und tötete, so wollte er ihm seine einzige Tochter zur Gemahlin geben und das halbe Königreich zur Ehesteuer; auch sollten hundert Reiter mit ziehen und ihm Beistand leisten. »Das wäre so etwas für einen Mann, wie du bist«, dachte das Schneiderlein, »eine schöne Königstochter und ein halbes Königreich wird einem nicht alle Tage angeboten.« »O ja«, gab er zur Antwort, »die Riesen will ich schon bändigen, und habe die hundert Reiter dabei nicht nötig: wer siebene auf einen Streich trifft, braucht sich vor zweien nicht zu fürchten.«

Das Schneiderlein zog aus, und die hundert Reiter folgten ihm. Als er zu dem Rand des Waldes kam, sprach er zu seinen Begleitern »bleibt hier nur halten, ich will schon allein mit den Riesen fertig werden.« Dann sprang er in den Wald hinein und schaute sich rechts und links um. Über ein Weilchen erblickte er beide Riesen: sie langen unter einem Baume und schliefen und schnarchten dabei, dass sich die Äste auf und nieder bogen. Das Schneiderlein, nicht faul, las beide Taschen voll Steine und stieg damit auf den Baum. Als es in der Mitte war, rutschte es auf einem Ast bis es gerade über die Schläfer zu sitzen kam, und ließ dem einen Riesen einen Stein nach dem andern auf die Brust fallen. Der Riese spürte lange nichts, doch endlich wachte er auf, stieß seinen Gesellen an und sprach »was schlägst du mich?« »Du träumst«, sagte der andere, »ich schlage dich nicht.« Sie legten sich wieder zum Schlaf, da warf der Schneider auf den zweiten einen Stein herab. »Was soll das?« rief der andere, »warum wirfst du mich?« »Ich werfe dich nicht«, antwortete der erste und brummte. Sie zankten sich eine Weile herum, doch weil sie müde waren, ließen sie's gut sein, und die Augen fielen ihnen wieder zu. Das Schneiderlein fieng sein Spiel von neuem an, suchte den dicksten Stein aus und warf ihn dem ersten Riesen mit aller Gewalt auf die Brust. »Das ist zu arg!« schrie er, sprang wie ein Unsinniger auf und stieß seinen Gesellen wider den Baum dass dieser zitterte. Der andere zahlte mit gleicher Münze, und sie gerieten in solche Wut, dass sie Bäume ausrissen, auf einander los schlugen, so lang bis sie endlich beide zugleich tot auf die Erde fielen. Nun sprang das Schneiderlein herab. »Ein Glück nur«, sprach es, »dass sie den Baum, auf dem ich saß, nicht ausgerissen haben sonst hätte ich wie ein Eichhörnchen auf einen andern springen müssen: doch unser einer ist flüchtig!« Es zog sein Schwert und versetzte jedem ein paar tüchtige Hiebe in die Brust, dann gieng es hinaus zu den Reitern und sprach »die Arbeit ist getan, ich habe beiden den Garaus gemacht: aber hart ist es hergegangen, sie haben in der Not Bäume ausgerissen und sich gewehrt, doch das hilft alles nichts wenn einer kommt wie ich, der siebene auf einen Streich schlägt.« »Seid ihr denn nicht verwundet?« fragten die Reiter. »Das hat gute Wege«, antwortete der Schneider, »kein Haar haben sie mir gekrümmt.« Die Reiter wollten ihm keinen Glauben beimessen und ritten in den Wald hinein: da fanden sie die Riesen in ihrem Blute schwimmend, und rings herum lagen die ausgerissenen Bäume.

Das Schneiderlein verlangte von dem König die versprochene Belohnung, den aber reute sein Versprechen und er sann aufs neue wie er sich den Helden vom Halse schaffen könnte. »Ehe du meine Tochter und das halbe Reich erhältst«, sprach er zu ihm, »musst du noch eine Heldentat vollbringen. In dem Walde läuft ein Einhorn, das großen Schaden anrichtet, das musst du erst einfangen.« »Vor einem Einhorne fürchte ich mich noch weniger als vor zwei Riesen; siebene auf einen Streich, das ist meine Sache.« Er nahm sich einen Strick und eine Axt mit, gieng hinaus in den Wald, und hieß abermals die, welche ihm zugeordnet waren, außen warten. Er brauchte nicht lange zu suchen, das Einhorn kam bald daher, und sprang geradezu auf den Schneider los, als wollte es ihn ohne Umstände aufspießen. »Sachte, sachte«, sprach er, »so geschwind geht das nicht«, blieb stehen und wartete bis das Tier ganz nahe war, dann sprang er behendiglich hinter den Baum. Das Einhorn rannte mit aller Kraft gegen den Baum und spießte sein Horn so fest in den Stamm, dass es nicht Kraft genug hatte es wieder heraus zu ziehen, und so war es gefangen. »Jetzt hab ich das Vöglein«, sagte der Schneider, kam hinter dem Baum hervor, legte dem Einhorn den Strick erst um den Hals, dann hieb er mit der Axt das Horn aus dem Baum und als alles in Ordnung war führte er das Tier ab und brachte es dem König.

Der König wollte ihm den verheißenen Lohn noch nicht gewähren, und machte eine dritte Forderung. Der Schneider sollte ihm vor der Hochzeit erst ein Wildschwein fangen, das in dem Wald großen Schaden tat; die Jäger sollten ihm Beistand leisten. »Gerne«, sprach der Schneider, »das ist ein Kinderspiel.« Die Jäger nahm er nicht mit in den Wald, und sie waren's wohl zufrieden, denn das Wildschwein hatte sie schon mehrmals so empfangen dass sie keine Lust hatten ihm nachzustellen. Als das Schwein den Schneider erblickte, lief es mit schäumendem Munde und wetzenden Zähnen auf ihn zu, und wollte ihn zur Erde werfen: der flüchtige Held aber sprang in eine Kapelle, die in der Nähe war, und gleich oben zum Fenster in einem Satze wieder hinaus. Das Schwein war hinter ihm her gelaufen, er aber hüpfte außen herum und schlug die Türe hinter ihm zu; da war das wütende Tier gefangen, das viel zu schwer und unbehilflich war, um zu dem Fenster hinaus zu springen. Das Schneiderlein rief die Jäger herbei, die mussten den Gefangenen mit eigenen Augen sehen: der Held aber begab sich zum Könige, der nun, er mochte wollen oder nicht, sein Versprechen halten musste und ihm seine Tochter und das halbe Königreich übergab. Hätte er gewusst dass kein Kriegsheld sondern ein Schneiderlein vor ihm stand, es wäre ihm noch mehr zu Herzen gegangen. Die Hochzeit ward also mit großer Pracht und kleiner Freude gehalten, und aus einem Schneider ein König gemacht.

Nach einiger Zeit hörte die junge Königin in der Nacht wie ihr Gemahl im Traume sprach »Junge, mach mir den Wams und flick mir die Hosen, oder ich will dir die Elle über die Ohren schlagen.« Da merkte sie in welcher Gasse der junge Herr geboren war, klagte am andern Morgen ihrem Vater ihr Leid und bat er möchte ihr von dem Manne helfen, der nichts anders als ein Schneider wäre. Der König sprach ihr Trost zu und sagte »lass in der nächsten Nacht deine Schlafkammer offen, meine Diener sollen außen stehen und, wenn er eingeschlafen ist, hineingehen, ihn binden und auf ein Schiff tragen, das ihn in die weite Welt führt.« Die Frau war damit zufrieden, des Königs Waffenträger aber, der alles mit angehört hatte, war dem jungen Herrn gewogen und hinterbrachte ihm den ganzen Anschlag. »Dem Ding will ich einen Riegel vorschieben«, sagte das Schneiderlein. Abends legte es sich zu gewöhnlicher Zeit mit seiner Frau zu Bett: als sie glaubte er sei eingeschlafen, stand sie auf, öffnete die Türe und legte sich wieder. Das Schneiderlein, das sich nur stellte als wenn es schlief, fieng an mit heller Stimme zu rufen »Junge, mach mir den Wams und flick mir die Hosen, oder ich will dir die Elle über die Ohren schlagen! ich habe siebene mit einem Streich getroffen, zwei Riesen getötet, ein Einhorn fortgeführt, und ein Wildschwein gefangen, und sollte mich vor denen fürchten, die draußen vor der Kammer stehen!« Als diese den Schneider also sprechen hörten, überkam sie eine große Furcht, sie liefen als wenn das wilde Heer hinter ihnen wäre, und keiner wollte sich mehr an ihn wagen. Also war und blieb das Schneiderlein sein Lebtag ein König.

11 Rumpelstilzchen

Es war einmal ein Müller, der war arm, aber er hatte eine schöne Tochter. Nun traf es sich, dass er mit dem König zu sprechen kam, und um sich ein Ansehen zu geben, sagte er zu ihm »ich habe eine Tochter, die kann Stroh zu Gold spinnen.« Der König sprach zum Müller »das ist eine Kunst, die mir wohl gefällt, wenn deine Tochter so geschickt ist, wie du sagst, so bring sie Morgen in mein Schloss, da will ich sie auf die Probe stellen.« Als nun das Mädchen zu ihm gebracht ward, führte er es in eine Kammer, die ganz voll Stroh lag, gab ihr Rad und Haspel und sprach »jetzt mache dich an die Arbeit, und wenn du diese Nacht durch bis morgen früh dieses Stroh nicht zu Gold versponnen hast, so musst du sterben.« Darauf schloss er die Kammer selbst zu, und sie blieb allein darin.

Da saß nun die arme Müllerstochter und wusste um ihr Leben keinen Rat: sie verstand gar nichts davon, wie man Stroh zu Gold spinnen konnte, und ihre Angst ward immer größer, dass sie endlich zu weinen anfieng. Da gieng auf einmal die Türe auf, und trat ein kleines Männchen herein und sprach »guten Abend, Jungfer Müllerin, warum weint sie so sehr?« »Ach«, antwortete das Mädchen, »ich soll Stroh zu Gold spinnen, und verstehe das nicht.« Sprach das Männchen »was gibst du mir, wenn ich dir's spinne?« »Mein Halsband« sagte das Mädchen. Das Männchen nahm das Halsband, setzte sich vor das Rädchen, und schnurr, schnurr, schnurr, dreimal gezogen, war die Spule voll. Dann steckte es eine andere auf, und schnurr, schnurr, schnurr, dreimal gezogen, war auch die zweite voll: und so gieng's fort bis zum Morgen, da war alles Stroh versponnen, und alle Spulen waren voll Gold. Bei Sonnenaufgang kam schon der König und als er das Gold erblickte, erstaunte er und freute sich, aber sein Herz ward nur noch goldgieriger. Er ließ die Müllerstochter in eine andere Kammer voll Stroh bringen, die noch viel größer war, und befahl ihr das auch in einer Nacht zu spinnen, wenn ihr das Leben lieb wäre. Das Mädchen wusste sich nicht zu helfen und weinte, da gieng abermals die Türe auf, und das kleine Männchen erschien und sprach »was gibst du mir, wenn ich dir das Stroh zu Gold spinne?« »Meinen Ring von dem Finger« antwortete das Mädchen. Das Männchen nahm den Ring, fieng wieder an zu schnurren mit dem Rade und hatte bis zum Morgen alles Stroh zu glänzendem Gold gesponnen. Der König freute sich über die Maßen bei dem Anblick, war aber noch immer nicht Goldes satt, sondern ließ die Müllerstochter in eine noch größere Kammer voll Stroh bringen und sprach »die musst du noch in dieser Nacht verspinnen: gelingt dir's aber, so sollst du meine Gemahlin werden.« »Wenn's auch eine Müllerstochter ist«, dachte er, »eine reichere Frau finde ich in der ganzen Welt nicht.« Als das Mädchen allein war, kam das Männlein zum drittenmal wieder und sprach »was gibst du mir, wenn ich dir noch diesmal das Stroh spinne?« »Ich habe nichts mehr, das ich geben könnte« antwortete das Mädchen. »So versprich mir, wenn du Königin wirst, dein erstes Kind.« »Wer weiß wie das noch geht« dachte die Müllerstochter und wusste sich auch in der Not nicht anders zu helfen; sie versprach also dem Männchen was es verlangte, und das Männchen spann dafür noch einmal das Stroh zu Gold. Und als am Morgen der König kam und alles fand wie er gewünscht hatte, so hielt er Hochzeit mit ihr, und die schöne Müllerstochter ward eine Königin.

Über ein Jahr brachte sie ein schönes Kind zur Welt und dachte gar nicht mehr an das Männchen: da trat es plötzlich in ihre Kammer und sprach »nun gib mir was du versprochen hast.« Die Königin erschrak und bot dem Männchen alle Reichtümer des Königreichs an, wenn es ihr das Kind lassen wollte: aber das Männchen sprach »nein, etwas lebendes ist mir lieber als alle Schätze der Welt.« Da fieng die Königin so an zu jammern und zu weinen, dass das Männchen Mitleiden mit ihr hatte: »drei Tage will ich dir Zeit lassen«, sprach er, »wenn du bis dahin meinen Namen weißt, so sollst du dein Kind behalten.«

Nun besann sich die Königin die ganze Nacht über auf alle Namen, die sie jemals gehört hatte, und schickte einen Boten über Land, der sollte sich erkundigen weit und breit was es sonst noch für Namen gäbe. Als am andern Tag das Männchen kam, fieng sie an mit Caspar, Melchior, Balzer, und sagte alle Namen, die sie wusste, nach der Reihe her, aber bei jedem sprach das Männlein »so heiß ich nicht.« Den zweiten Tag ließ sie in der Nachbarschaft herumfragen wie die Leute da genannt würden, und sagte dem Männlein die ungewöhnlichsten und seltsamsten Namen vor, »heißt du vielleicht Rippenbiest oder

Hammelswade oder Schnürbein?« aber es antwortete immer »so heiß ich nicht.« Den dritten Tag kam der Bote wieder zurück und erzählte »neue Namen habe ich keinen einzigen finden können, aber wie ich an einen hohen Berg um die Waldecke kam, wo Fuchs und Has sich gute Nacht sagen, so sah ich da ein kleines Haus, und vor dem Haus brannte ein Feuer, und um das Feuer sprang ein gar zu lächerliches Männchen, hüpfte auf einem Bein und schrie

›heute back ich, morgen brau ich,
übermorgen hol ich der Königin ihr Kind;
ach, wie gut ist dass niemand weiß
dass ich Rumpelstilzchen heiß!‹«

Da könnt ihr denken wie die Königin froh war, als sie den Namen hörte, und als bald hernach das Männlein herein trat und fragte: »nun, Frau Königin, wie heiß ich?« fragte sie erst »heißest du Kunz?« »Nein«. »Heißest du Heinz?« »Nein.«

»Heißt du etwa Rumpelstilzchen?«

»Das hat dir der Teufel gesagt, das hat dir der Teufel gesagt« schrie das Männlein und stieß mit dem rechten Fuß vor Zorn so tief in die Erde, dass es bis an den Leib hineinfuhr, dann packte es in seiner Wut den linken Fuß mit beiden Händen und riss sich selbst mitten entzwei.

12 Die Bremer Stadtmusikanten

Es hatte ein Mann einen Esel, der schon lange Jahre die Säcke unverdrossen zur Mühle getragen hatte, dessen Kräfte aber nun zu Ende giengen, so dass er zur Arbeit immer untauglicher ward. Da dachte der Herr daran, ihn aus dem Futter zu schaffen, aber der Esel merkte dass kein guter Wind wehte, lief fort und machte sich auf den Weg nach Bremen: dort, meinte er, könnte er ja Stadtmusikant werden. Als er ein Weilchen fortgegangen war, fand er einen Jagdhund auf dem Wege liegen, der jappte wie einer, der sich müde gelaufen hat. »Nun, was jappst du so, Packan?« fragte der Esel. »Ach«, sagte der Hund, »weil ich alt bin und jeden Tag schwächer werde, auch auf der Jagd nicht mehr fort kann, hat mich mein Herr wollen tot schlagen, da hab ich Reißaus genommen; aber womit soll ich nun mein Brot verdienen?« »Weißt du was«, sprach der Esel, »ich gehe nach Bremen und werde dort Stadtmusikant, geh mit und lass dich auch bei der Musik annehmen. Ich spiele die Laute, und du schlägst die Pauken.« Der Hund war's zufrieden, und sie giengen weiter. Es dauerte nicht lange, so saß da eine Katze an dem Weg und machte ein Gesicht wie drei Tage Regenwetter. »Nun, was ist dir in die Quere gekommen, alter Bartputzer?« sprach der Esel. »Wer kann da lustig sein, wenn's einem an den Kragen geht«, antwortete die Katze, »weil ich nun zu Jahren komme, meine Zähne stumpf werden, und ich lieber hinter dem Ofen sitze und spinne, als nach Mäusen herum jage, hat mich meine Frau ersäufen wollen; ich habe mich zwar noch fortgemacht, aber nun ist guter Rat teuer: wo soll ich hin?« »Geh mit uns nach Bremen, du verstehst dich doch auf die Nachtmusik, da kannst du ein Stadtmusikant werden.« Die Katze hielt das für gut und gieng mit. Darauf kamen die drei Landesflüchtigen an einem Hof vorbei, da saß auf dem Tor der Haushahn und schrie aus Leibeskräften. »Du schreist einem durch Mark und Bein«, sprach der Esel, »was hast du vor?« »Da hab ich gut Wetter prophezeit«, sprach der Hahn, »weil unserer lieben Frauen Tag ist, wo sie dem Christkindlein die Hemdchen gewaschen hat und sie trocknen will; aber weil Morgen zum Sonntag Gäste kommen, so hat die Hausfrau doch kein Erbarmen, und hat der Köchin gesagt sie wollte mich Morgen in der Suppe essen, und da soll ich mir heut Abend den Kopf abschneiden lassen. Nun schrei ich aus vollem Hals, so lang ich noch kann.« »Ei was, du Rotkopf«, sagte der Esel, »zieh lieber mit uns fort, wir gehen nach Bremen, etwas besseres als den Tod findest du überall; du hast eine gute Stimme, und wenn wir zusammen musizieren, so muss es eine Art haben.« Der Hahn ließ sich den Vorschlag gefallen, und sie giengen alle viere zusammen fort.

Sie konnten aber die Stadt Bremen in einem Tag nicht erreichen und kamen Abends in einen Wald, wo sie übernachten wollten. Der Esel und der Hund legten sich unter einen großen Baum, die Katze und der Hahn machten sich in die Äste, der Hahn aber flog bis in die Spitze, wo es am sichersten für ihn war. Ehe er einschlief, sah er sich noch einmal nach allen vier Winden um, da däuchte ihn er sähe in der Ferne ein Fünkchen brennen und rief seinen Gesellen zu es müsste nicht gar weit ein Haus sein, denn es scheine ein Licht. Sprach der Esel »so müssen wir uns aufmachen und noch hingehen, denn hier ist die Herberge schlecht.« Der Hund meinte ein paar Knochen und etwas Fleisch dran, täten ihm auch gut. Also machten sie sich auf den Weg nach der Gegend, wo das Licht war, und sahen es bald heller schimmern, und es ward immer größer, bis sie vor ein hell erleuchtetes Räuberhaus kamen. Der Esel, als der größte, näherte sich dem Fenster und schaute hinein. »Was siehst du, Grauschimmel?« fragte der Hahn. »Was ich sehe?« antwortete der Esel, »einen gedeckten Tisch mit schönem Essen und Trinken, und Räuber sitzen daran und lassen's sich wohl sein.« »Das wäre was für uns« sprach der Hahn. »Ja, ja, ach, wären wir da!« sagte der Esel. Da ratschlagten die Tiere wie sie es anfangen müssten, um die Räuber hinaus zu jagen und fanden endlich ein Mittel. Der Esel musste sich mit den Vorderfüßen auf das Fenster stellen, der Hund auf des Esels Rücken springen, die Katze auf den Hund klettern, und endlich flog der Hahn hinauf, und setzte sich der Katze auf den Kopf. Wie das geschehen war, fiengen sie auf ein Zeichen insgesamt an ihre Musik zu machen: der Esel schrie, der Hund bellte, die Katze miaute und der Hahn krähte; dann stürzten sie durch das Fenster in die Stube hinein dass die Scheiben klirrten. Die Räuber fuhren bei dem entsetzlichen Geschrei in die Höhe, meinten nicht anders als ein Gespenst käme herein und flohen in größter Furcht in den Wald hinaus. Nun setzten sich die vier Gesellen an den Tisch, nahmen mit dem vorlieb, was übrig geblieben war, und aßen als wenn sie vier Wochen hungern sollten.

Wie die vier Spielleute fertig waren, löschten sie das Licht aus und suchten sich eine Schlafstätte, jeder nach seiner Natur und Bequemlichkeit. Der Esel legte sich auf den Mist, der Hund hinter die Türe, die Katze auf den Herd bei die warme Asche, und der Hahn setzte sich auf den Hahnenbalken: und weil sie müde waren von ihrem langen Weg, schliefen sie auch bald ein. Als Mitternacht vorbei war, und die Räuber von weitem sahen dass kein Licht mehr im Haus brannte, auch alles ruhig schien, sprach der Hauptmann »wir hätten uns doch nicht sollen ins Bockshorn jagen lassen«, und hieß einen hingehen und das Haus untersuchen. Der Abgeschickte fand alles still, gieng in die Küche, ein Licht anzuzünden, und weil er die glühenden, feurigen Augen der Katze für lebendige Kohlen ansah, hielt er ein Schwefelhölzchen daran, dass es Feuer fangen sollte. Aber die Katze verstand keinen Spaß, sprang ihm ins Gesicht, spie und kratzte. Da erschrak er gewaltig, lief und wollte zur Hintertüre hinaus, aber der Hund, der da lag, sprang auf und biss ihn ins Bein: und als er über den Hof an dem Miste vorbei rannte, gab ihm der Esel noch einen tüchtigen Schlag mit dem Hinterfuß; der Hahn aber, der vom Lärmen aus dem Schlaf geweckt und munter geworden war, rief vom Balken herab »kikeriki!« Da lief der Räuber, was er konnte, zu seinem Hauptmann zurück und sprach »ach, in dem Haus sitzt eine gräuliche Hexe, die hat mich angehaucht und mit ihren langen Fingern mir das Gesicht zerkratzt: und vor der Türe steht ein Mann mit einem Messer, der hat mich ins Bein gestochen: und auf dem Hof liegt ein schwarzes Ungetüm, das hat mit einer Holzkeule auf mich losgeschlagen; und oben auf dem Dache, da sitzt der Richter, der rief ›bringt mir den Schelm her.‹ Da machte ich dass ich fortkam.« Von nun an getrauten sich die Räuber nicht weiter in das Haus, den vier Bremer Musikanten gefiel's aber so wohl darin, dass sie nicht wieder heraus wollten. Und der das zuletzt erzählt hat, dem ist der Mund noch warm.

Inhaltsverzeichnis

Anhang